LA

MONTAGNE

Typographie de L. POUPART-DAVYL, rue du Bac, 30.

J. MICHELET

LA MONTAGNE

SEPTIÈME ÉDITION

PARIS
LIBRAIRIE INTERNATIONALE
15, BOULEVARD MONTMARTRE

A. LACROIX, VERBOECKHOVEN & Cⁱᵉ, ÉDITEURS
A Bruxelles, à Leipzig et à Livourne

1868

Tous droits de traduction et de reproduction réservés

La Montagne continue la série des livres analogues, dont la publication commence en 1856, *l'Oiseau, l'Insecte, la Mer.*

Cette année fut le point de départ d'un mouvement qui continue et ne s'arrêtera pas. Le public depuis cette époque a pris un intérêt tout nouveau à l'Histoire naturelle. Il y avait des livres savants que très-peu de gens lisaient. Il y avait des livres ingénieux et trop spirituels peut-être. *L'Oiseau* eut ce bonheur unique de n'avoir pas un critique, pas un contradicteur. Les esprits les moins sympathiques furent surpris, gagnés, sans défense contre lui. Il enleva sur son aile et la presse et le public.

Sous leur forme très-modeste, qui ne prétendait nullement aux honneurs de l'in-8°, les trois livres eurent le rare succès d'en faire produire beaucoup d'autres. Les imitateurs affluèrent. La librairie publia beaucoup d'ouvrages spéciaux, illustrés ou non illustrés. Plusieurs maisons voulurent même avoir leurs livres généraux, leurs encyclopédies d'histoire naturelle. Puis vinrent une infinité de livres d'enseignement ou de lecture pour l'enfance ou la jeunesse. Il suffit d'ouvrir et de suivre le Journal de la librairie depuis 1856, pour voir qu'une littérature est sortie de cette époque.

Ces petits livres, acceptés comme ouvrages agréables de littérature, durent cependant leur succès surtout à leur vérité. Ils n'essayaient pas de donner leur esprit à la nature, mais de pénétrer le sien. Ils l'aimaient, l'interrogeaient ; ils demandaient à chaque être le secret de sa petite âme. Cela eut d'heureux effets. Pour la première fois on sut le mystère propre à l'oiseau, le mystère propre à l'insecte. L'éducation assez longue qu'exigent certaines espèces est le secret réel de leur développement. De là une loi générale : « Toute espèce où l'enfant ne vit que par une éducation prolongée, devient supérieure. Cela crée la société. »

Voilà ce qui réellement toucha le public en ces livres, bien plus que le pittoresque, ou l'entraînement du style. Des ouvrages, très-bien écrits, pleins de choses vraies, curieuses, estimés, le laissent assez froid. On le croit matérialiste, dominé par le fait grossier. Et cependant les seuls livres qui l'aient entraîné, enlevé, ce sont ceux qui cherchaient l'âme.

L'oiseau est une personne. Cela s'accepte assez bien. Mais l'insecte! la difficulté semblait ici bien plus grande. Chez les enfants de la mer, la personnalité fuyante paraît moins saisissable encore. La tentative était hardie de fixer, de rétablir ces âmes obscures et confuses, dédaignées jusque-là, niées, de leur rendre la dignité d'âmes, de les replacer dans le droit fraternel et dans la grande Cité.

Nous poursuivons aujourd'hui ce travail dans *la Montagne* et sa forêt. Le présent volume, en majeure partie, sort de nos voyages mêmes, et dit ce que nous avons vu. Il ne fera aucun tort aux grands labeurs scientifiques, aux travaux si instructifs des Schacht ou des Schlagenweit. L'intérêt qu'il peut présenter, ce sont nos rapports d'amitié avec cette haute nature, si grande, mais si indulgente, qui se révèle volontiers à ceux qui l'aiment beaucoup. On verra à quel degré d'intimité nous admirent les patriarches des Alpes, les arbres antiques et vénérables, qu'à tort on a crus muets. Nous restons reconnaissants de la faveur paternelle de ces augustes géants, ces monts sublimes, au sein desquels nous trouvâmes de si doux abris, qui si généreusement (avec leurs fleuves nourriciers qui sont la vie de l'Europe), nous versaient aussi leur âme, sereine, pacifique et profonde.

Vivant esprit de renaissance. Vrai cordial dans ces temps de défaillance trop commune. Puisse ce livre qui nous soutint, en relever d'autres encore sur les pentes où, par faiblesse ou chagrin, beaucoup descendent! S'il lui faut une épigraphe, ce sera ce mot : *Remonter.*

1ᵉʳ décembre 1867.

PREMIÈRE PARTIE

I

LE VESTIBULE DU MONT BLANC

I

LE VESTIBULE DU MONT BLANC

Le mont Blanc n'est point un passage. Il n'offre pas à mi-côte ces grandes routes des nations, où se croisent éternellement la France, l'Allemagne et l'Italie. Il est à part. Il faut aller tout exprès le saluer, voir cet illustre solitaire, dont la tête domine l'Europe.

J'avais vu les Apennins, j'avais vu les Pyrénées, les grands monts hospitaliers du commerce et du voyageur, le mont Cenis, le Saint-Gothard, : la rapide magie du Simplon. Je réservais le mont Blanc.

Naguères, à tant de labeurs, j'avais ajouté un

labeur. Du fond de ma longue épopée qui me tient depuis si longtemps, j'avais lancé ce jet hardi, *la Bible de l'humanité*. Petit livre et grand élan de cœur et de volonté. J'avais, tout comme le globe, moi aussi, dressé ma montagne, un sommet, un pic assez haut pour embrasser toute la terre.

Je me gardai bien d'aller me reposer à la mer. Je l'aime cette étrange fée. Elle a le secret de la vie, mais elle est si agitée! Que de fois elle ajoutait sa tempête à mon orage! J'allai redemander le calme à l'immobilité des Alpes, — non pas aux Alpes bruyantes qui semblent une éternelle fête de cascades et de beaux lacs. Je préférai le grand ermite, le géant muet, le mont Blanc. Chez lui seul j'espérais trouver assez de neige et de repos.

Quand on arrive de Genève, par un pays médiocre et assez pauvre d'effet, à Sallenches, on est saisi par la grandeur de la scène qu'on découvre tout à coup. L'Arve tourne, et tout est changé. La surprise n'est pas ménagée. A gauche, une aiguille immense, Varens, d'un calcaire ruineux, mal soutenue de sapins, s'élève à pic sur la route, la menace. A droite, des collines boisées semblent le premier gradin d'un sérieux amphithéâtre qu'ailleurs on trouverait une haute montagne (elle a 5 à 6,000 pieds). Cependant derrière à distance, domine, d'une énorme hauteur, le neigeux, le morne dôme.

Il ne faut pas arriver par ces rares beaux jours de l'été qui trompent sur toute contrée, qui parent tout, donnent à tout un uniforme sourire. La fantasmagorie brillante des accidents de la lumière égayerait jusqu'aux tombeaux. Le soleil est un grand menteur (la photographie le prouve). Il donnera même figure à la vallée la plus froide, la plus pauvre de Savoie, qu'aux replis brûlants du Valais qui sont déjà une Italie.

J'arrivai par un jour gris, tel que ce pays en a la plus grande partie de l'année. Je pus le voir tel qu'il est, dans le bas, mesquin et pauvre, écrasé de ces hauteurs, avec l'Arve, un simple torrent, vaguement extravasé. Des jardinets, petits vergers. D'assez hautes sapinières. Et là-haut le froid géant.

La surprise n'est pas petite de trouver là des eaux chaudes. Que les Pyrénées en donnent, que ces vieilles filles du feu prodiguent les sources brûlantes, cela semble naturel. Mais qu'ici, de ce manteau immense de neiges et de sapins, sourde la chaleur d'en bas, cela saisit, fait penser. On se dit : Derrière l'apparence, le froid décor de l'hiver, il y a *un autre* dessous, et *quelqu'un* qu'on ne voit pas. Les glaces (de 1,200 pieds d'épaisseur? on le suppose) ne sont pour lui qu'un habit. Une personne de granit est dedans ensevelie, jadis enfantée de la terre, un de ses puissants soupirs, de ces élans vers la lumière qu'elle eut ténébreuse encore. Mais, dans son tombeau de neige, cette âme reste en intimité avec sa profonde mère, et toujours elle en reçoit dessous le tiède épanchement.

Les bains de Saint-Gervais sont tristes. Un noble parc de sapins longe un petit torrent rapide. Et peu à peu on se trouve dans une fente fort étroite, entre d'assez hautes collines environ de 600 pieds. L'eau est froide, le vent glacé. De là pourtant jaillit l'eau chaude. Elle a tout l'effet d'un miracle. Dans ces eaux de neige, un pêcheur trouva par hasard la source thermale. En d'autres temps elle eût suffi pour faire une religion. Dans les Pyrénées, à Vichy, à Bourbon, etc., toute eau est un dieu, le dieu Borbo, le dieu Gorgo, etc. (V. Barry.) En Savoie, ces dieux sont des saints, saint Gervais et saint Protais.

Lieu, de sa nature ascétique : « Avant d'user des dons de Dieu, laisse ici le péché au seuil, ta secrète maladie de l'âme. » Voilà ce que dit ce lieu. Et c'est la sagesse même. Je ne sais pourtant si lui-même serait propre à calmer les cœurs. Il est de ceux que les Esprits ont certainement hantés. Il est clos. Des deux côtés, les sapins planent d'en haut, et, rapprochés, lui font d'étranges ombres. Les brouillards, en longs dragons, y sont attirés de l'Arve, s'y plaisent, ne peuvent le quitter. Ce paysage sinueux, fuyant, promet je ne sais quoi. Il semble plein de mystères, de songes et d'illusions. On y voudrait plus de lumière.

Sainte lumière, sois ma médecine ! J'irai à la nymphe sombre, mais je veux la dominer. Quand on sort de ce lieu étroit, qu'on monte au haut Saint-Gervais, on le trouve gai et riant. Effet singulier du contraste. Saint-Gervais est fort sérieux. Je le trouve bien mieux que gai. Il est d'une beauté touchante et il m'a été au cœur.

Je n'étais pas à l'entrée qui domine le cours de l'Arve, et qui voit de loin Sallenches. Je vivais à l'autre bout dans une petite maison qui ne voyait rien de cela, la respectable maison des Gontard, qui trouvèrent l'eau chaude (d'autres en ont profité). Cette maison descendait un peu, se rapprochait du torrent, mais, sans le voir, n'en avait que le bruit. L'église était à côté avec de grands arbres ombreux, un fort beau cimetière fleuri. Plus loin, au delà du torrent, quelques petits vergers en pente montant une haute colline, la fumée bleuâtre de quelques chaumières, des sapins. *Finis mundi.*

La pluie devant les sapins, ces fumées, de lourds nuages qui montaient à nous, se traînaient, était-ce une chose bien gaie? Nous n'en éprouvions pas moins une certaine alacrité. La vie nous paraissait légère. Était-ce l'effet de l'air (à cette hauteur de 2,400 pieds)? Était-ce le dégagement de l'existence inférieure, des pensées d'un monde absent?

Les lourds nuages de l'âme s'envolent sur ces hauteurs, ils s'en vont à la grande mer flottante de ceux que je vois errer sur notre vis-à-vis, sur ces cirques fantastiques qui simulent des personnes, aux aiguilles de Varens, sur les pointes du Montjoye.

Je pensai aux amis absents, à la société languissante des grandes villes du bas-pays, de Seine ou du Rhin, de Hollande, aux épais brouillards de Londres. Je me disais, au moment surtout des jolies éclaircies : quel avantage de monter ! que le monde n'est-il ici, allégé et affranchi !...

De Paris à Genève, on a 1,600 livres de moins à porter, et 2,400 de Genève ici ! Lieu de liberté véritable ! Plus bas, plus haut, on respire moins.

La charmante demoiselle du logis, vrai peuplier, plus svelte qu'on n'est en Savoie, son petit frère, un enfant, aidaient la jeune domestique au ménage, aux provisions qu'il fallait souvent chercher loin. Nous vivions un peu de hasard, avec cette confiance en Dieu des Antoine et des Pacôme qui attendaient quelquefois que le pain leur vint du ciel.

Dès que la pluie s'arrêta, pendant que j'écrivais encore, ma seconde âme, plus jeune, curieuse de voir le pays, alla à la découverte. Tournant l'église, elle alla vers Bionney (c'est le chemin de Notre-Dame de la Gorge, qui mènerait en Italie) ; mais l'intérêt, justement, était d'ignorer tout cela, d'aller en pays inconnu. Celle qu'elle avait avec elle, encore plus curieuse de voir, n'en savait pas davantage. Tout était encore bien mouillé. Les vénérables noyers qui datent, je crois, du temps où les ducs de Savoie allèrent à Jérusalem, rendaient le chemin fort humide, et jetaient des gouttes encore. C'était le jour du marché; la route était animée; chacun conduisait ses bêtes, vaches, oies, moutons, etc. Un paysan avisé, très-fin, menait doucement, comme on mène une mariée, deux jolis petits porcs noirs. Ces paysans étaient fort polis, disaient : « Bonjour! » Les femmes, vieilles avant l'âge, bonnes et laides (elles travaillent tant!) voyaient d'un œil maternel (parfois, ce semble, attendri), la jeune dame un peu pâle, comme on voit un enfant malade. Elles souriaient des détours qu'elle faisait au passage de leurs vaches, les évitant, leur cédant le chemin, avec un peu trop de respect. Le temps, lui aussi, était, on peut dire, un demi-malade, ne pouvant se décider entre le soleil et la pluie. Les avoines étaient par terre, attendant pour se sécher, et ne pouvant pas rentrer. Pauvre petite récolte, maigre, bien aventurée.

Cette pluie plaisait aux prairies; elles étaient très-fleuries. Elle plaisait aux ruisseaux. Il n'était jusqu'au plus petit qui ne jasât, murmurât. Plusieurs, gros, forts et rapides, d'un glouglou puissant, semblaient discorder avec ces lieux modestes et plutôt petits. Ils venaient de haut et de loin, étaient bien visiblement fils d'un monde supérieur. A certain détour du chemin, ce haut monde se révéla de côté, par un angle étroit (le glacier de Bionassey). C'était une montagne d'or, au soleil! éclatant spectacle. On doubla, précipita le pas, pour voir de plus près. Mais déjà cet or mobile changeait; ce n'était plus qu'argent... Inconstance de la lumière! L'argent devint simple neige. Et la neige, peu à peu, prenait des teintes de plomb.

Le retour en fut attristé, plus lent. Le jour avait baissé déjà, quoique ce fût en plein été. Elle rentra bien sérieuse, mais les mains pleines de fleurs.

Le matin était léger, un peu froid, agréable et gai. On travaillait devant les neiges qui, cette année, au mois d'août, poudraient nos hautes collines. Puis, nous allions voir nos voisins, les sapins de la cataracte. Ces arbres graves du Nord, placés bas sur le froid torrent, et très-haut près des sommets, encadraient et protégeaient, aux gradins intermédiaires, des arbres plus délicats, poiriers, pommiers, de petits champs. Nous voyions avec respect ces vénérables résineux qui sont les ainés du monde, qui ont enduré tant de choses dans les âges les plus difficiles, et aujourd'hui encore soutiennent, défendent tant de lieux exposés. Ils semblent les frères naturels des populations souffrantes, méritantes, laborieuses. Nous fîmes avec eux amitié.

Notre sapinière d'en face apparaissait à notre droite, sur le coin de la colline. Nous passions le Pont du Diable (nom commun dans chaque pays). Nous remontions, traversions des vergers, une petite ferme, pauvre, mais hospitalière. Le fermier, homme fort doux, fin, âgé, avait été à Paris longtemps commissionnaire, avait rapporté des économies, épousé une jolie femme qui n'était pas du pays. Ils avaient de beaux enfants, et, ce semble, une ombre d'aisance, aux années du moins où d'en haut le vent n'est pas trop glacé. L'ensemble était fort touchant; mais cet homme, déjà fort mûr, dont l'aîné n'avait que douze ans, arriverait-il à le voir assez grand pour travailler, le remplacer près de sa mère?

La sapinière était fort belle. Elle faisait de sombres rideaux, l'un d'effet très-fantastique, qui tour à tour cachait, montrait les bains dans la profondeur; l'autre, plus loin, clair et gai, où l'on voyait la vallée tournoyante jusqu'à Sallenches. Dans l'épaisseur, certaines ruines, manifestement

Celtiques, de leur noire antiquité, semblaient rendre plus ténébreuse la forêt, obscure d'elle-même.

En s'éloignant, gravissant vers un lieu plus découvert, la vue embrassait Saint-Gervais, sa vallée, le chemin des glaciers. Vue étendue et très-douce, *humaine* (ce mot-là dit tout). C'étaient au fond les prairies, les ruisseaux, et le travail, des moulins à scier les planches, de minimes moissons d'avoine, de seigle et de sarrasin, de pauvres chalets qui n'ont nullement l'ampleur de ceux de la Suisse. Ils montaient fort haut sur les pentes. Au plus haut, les sommets étaient moins dépouillés que l'on n'eût cru. Ils témoignaient par un vert pâle que le géant n'était pas immuablement sévère.

Tout cela grave, attendrissant par un temps couvert et tiède, dans l'attente de l'orage. Nous nous assîmes à mi-côte sur une même pierre étroite, en silence, et trop unis de pensées pour nous les dire. Quelques gens étaient aux champs, hâtant leurs travaux, inquiets. La pluie allait venir encore; dans un mois ou deux l'hiver. L'incertain de toutes choses nous frappait. Tout était doux; on voyait bien peu les glaciers, par un angle étroit à peine; mais leur verdâtre sourcil ne promettait rien de sûr.

II

LE MONT BLANC — LES GLACIERS

II

LE MONT BLANC — LES GLACIERS

Bien avant d'aller au mont Blanc, j'avais vu le Grindelwald, un glacier très-accessible, dont les abords ne sont pas dénaturés, arrangés, comme ceux de bien d'autres glaciers où l'on a trop préparé des effets artificiels. Je l'avais vu tout à coup, non prévenu, par une brusque surprise, sans réfléchir, sans rappeler de vains souvenirs littéraires qui faussent l'impression vraie. Je l'eus naïve et très-forte d'étonnement et d'horreur.

J'avais quitté le matin le bruyant Interlaken et son affluence vulgaire. J'étais arrivé au village, descendu à Grindelwald dans un excellent hôtel.

La pièce peu éclairée où j'entrai, n'offrait rien de remarquable ; mais on ouvre une fenêtre... Je me retourne. Cette croisée, tout inondée de lumière, m'apparaît dans son cadre étroit plus que pleine, débordante de je ne sais quoi d'énorme, éclatant, en mouvement, et qui venait droit à moi.

Vraiment, rien de plus formidable. C'était un chaos lumineux, qui semblait tout près déjà des vitres, voulait entrer. L'effet ne serait pas plus grand si un astre tout à coup touchait la terre elle-même et la foudroyait de lumière.

Au second regard, je vis que cette chose monstrueuse n'était pas si près pourtant. Elle avait l'air d'être en marche, mais elle s'arrêtait à temps dans un lieu assez profond. Elle restait à mes pieds. Chose étrange ! qu'immobile, elle parût en mouvement ! Elle semblait saisie au passage, prise en route, pétrifiée.

Il faut voir ces objets de loin. De près, sans vaine poésie, rien ne semblait plus grossier, plus âpre, plus rude. Figurez-vous une grande voie d'un blanc sale, large de demi-lieue peut-être, avec de profonds sillons, des ornières fort enfoncées, brutalement cahotées. Quel épouvantable char, ou quelle charrette du diable a donc descendu par là ? Entre, se dressaient des cristaux, peu brillants, en pains de sucre, de 15 ou 20 pieds de haut, blanchâtres, et quelques-uns nuancés de bleu pâle, d'un certain vert de bouteille, équivoque et sinistre.

Cette descente visiblement était un épanchement d'une très-vaste mer de glace dont on voyait au plus haut le bord, une ligne roide qui coupait dans le ciel bleu. Tout cela, miré au soleil, avait une dureté sauvage, un grand effet d'indifférence superbe pour nous autres d'en bas, le dirai-je? un air d'insolence. Je ne m'étonne pas si Saussure, un esprit si calme, si sage, ayant gravi le glacier, sentit un mouvement de colère. — Moi aussi, je me sentais méprisé et provoqué par ces énormités sauvages. Je leur dis assez brusquement : « Ne faites pas tant les fiers! Vous durez un peu plus que nous. Mais, montagne, mais, glacier, qu'est-ce que vos 10,000 pieds près des hauteurs de l'esprit? »

Je voulus les voir de plus près. Du village, je descendis, je touchai le bord, y entrai. Les ouvertures sont variables. En ce moment le glacier béait en bouches étroites, peu élevées, brillantes et polies au dehors. Dedans tout était glissant, avec de dangereuses pentes qui menaient je ne sais où. Ces pentes, une double et triple voûte bleuâtre, leurs cassures coupantes, aigres à l'œil, leur transparence, disaient de se défier. Rien n'était significatif plus qu'un joli bouquet de fleurs qui, depuis bien des années, restait enchâssé, se montrait à travers la glace avec ses vives couleurs. Engagé là, on est sûr d'y être bien conservé. Aucune image de mort ne frappe plus sensiblement que cette longue exhibition funéraire, cette éternité forcée qui joue tristement la vie, cette impossibilité de retourner à la nature et de rentrer dans le repos.

———

Le montagnard ne voit pas sa montagne comme nous. Il lui est fort attaché et il y revient toujours, mais l'appelle « le mauvais pays. » Les eaux blanchâtres et vitreuses de rapidité farouche qui s'échappent en bondissant, il les nomme « les eaux sauvages. » La noire forêt de sapins, suspendue aux précipices, qui semble l'éternelle paix, elle est sa guerre, sa bataille. Aux plus rudes mois de l'année, quand tout autre travail cesse, il attaque la forêt. Guerre dure, pleine de dangers. Ce n'est pas tout de couper ces arbres et de les précipiter, il faut diriger leur chute ; il faut les reprendre en route, régler les terribles bonds qu'ils font au lit des torrents (voy. dans Rambert, *la Flottée*). Le vaincu est souvent fatal au vainqueur, l'arbre au bûcheron. La forêt a ses histoires lugubres d'orphelins, de veuves. Pour la femme et la famille, une terreur pleine de deuil repose sur ces hauteurs dont les bois mêlés de neige se marquent au loin funèbrement par des taches de blanc et de noir.

Les glaciers étaient jadis un objet d'aversion; on les regardait de travers. Ceux du mont Blanc s'appelaient en Savoie « les monts maudits. » La Suisse allemande, en ses vieilles légendes de paysans, met les damnés aux glaciers. C'est une espèce d'enfer. Malheur à la femme avare, au cœur dur pour son vieux père, qui, l'hiver, l'éloigne du feu! En punition, elle doit, avec un vilain chien noir, errer sans repos dans les glaces. Aux plus cruelles nuits d'hiver où chacun se serre au poêle, on voit là-haut la femme blanche, qui grelotte, qui trébuche aux pointes aiguës des cristaux.

Dans la vallée diabolique, où, de minute en minute, tonne et brise l'avalanche du haut de la Jungfrau, ce sont de damnés barons, de féroces chevaliers, qui doivent toujours, chaque nuit, l'un contre l'autre heurter, fracasser leurs fronts de fer.

La légende Scandinave, de génie haut et terrible, a fantasquement exprimé les effrois de la montagne. Elle est pleine de trésors, gardés par des gnomes affreux, par un nain de force énorme. Au château des monts glacés, trône une impitoyable vierge, qui, le front ceint de diamants, provoque tous les héros, en rit d'un rire plus cruel que les traits aigus de l'hiver. Ils montent les imprudents, ils arrivent au lit mortel, et restent là enchaînés, faisant avec une épouse de cristal la noce éternelle.

Cela ne décourage pas. La cruelle et l'orgueilleuse qui est au haut de la montagne, elle aura toujours des amants. Toujours on voudra monter. Le chasseur dit : « C'est pour la proie. » Le grimpeur dit : « Pour voir au loin. » Moi, je dis : « Pour faire un livre. » Et je fais plus d'ascensions, je descends plus de précipices, assis à la table où j'écris, que tous les grimpeurs de la terre ne feront jamais aux Alpes.

Le réel dans tous ces efforts, est *qu'on monte pour monter.*

Le sublime, c'est l'inutile (presque toujours). Le fameux passage par les glaces du Nord, trouvé au bout de trois cents ans, ce sera toujours l'inutile (s'il est vrai que ces glaces changent). L'ascension en ballon, c'est jusqu'ici l'inutile. L'ascension du mont Blanc a été fort peu utile. Les expériences qu'on y fait se faisaient un peu moins haut. Ce que

Saussure a cherché vingt-sept ans, se préparant, tournant autour du mont Blanc, ce que Ramond, dix années, chercha de même au mont Perdu — c'est surtout *d'y avoir monté*.

De toutes les loteries furieuses qui troublent le cœur de l'homme, la plus noble, certainement, était la chasse aux chamois. Le péril en était l'attrait; c'était la chasse à la montagne plus qu'à l'animal timide. On la prenait corps à corps en ses plus scabreuses horreurs, **où elle a pour se défendre le réel et l'illusion, glaces, brumes, abîmes, crevasses, les tromperies de la distance, les mensonges de la perspective, la ronde effrénée du vertige.** D'autant plus on s'y acharnait. Ces hommes, dans tout le reste avisés, prudents, déliraient. L'amour, en ses ravissements, n'avait rien qui approchât de l'épouvantable plaisir de suivre la bête aux abîmes, aux bords étroits, impossibles, où le malin petit cornu s'amuse à attirer le fou. Le gouffre, sous son œil hagard, tournoie. Tourne sur sa tête le vautour plein d'appétit. Voilà une jouissance!.. Le père, l'autre année, fit le saut. C'est le tour du fils. Un d'eux, à peine marié à une fille qu'il aimait fort, n'en disait pas moins à Saussure : « Monsieur, cela ne fait rien. Comme mon père y a péri, moi, il faut que j'y périsse. » En trois mois il tint parole.

Quelle attention l'hiver, lorsqu'au coin du feu le chasseur, l'autorité de la contrée, disait ce qu'il avait vu en rôdant autour des glaciers ! Quel frissonnement à l'entendre conter ce qu'il avait senti en regardant dans l'azur sinistre de la crevasse! « Mais aussi, disait-il encore, j'ai vu de mes yeux, j'ai vu, sous des voûtes de 20, 30 pieds, parfois de 100 pieds de haut, des grottes tout étincelantes de cristaux qui vont presque à terre. Des cristaux ou des diamants. » Qui n'eût rêvé de ces récits? combien palpitait le cœur du crédule Savoyard ! « Oh! qui eût pu monter là! c'était une fortune faite. Soixante années de misères, à porter ou ramoner, feraient moins. Un jour d'audace, un tour hardi suffirait... Quel mal de voler le diable? C'est lui, ou ce sont ses fées qui gardent là leurs diamants. »

Pour qu'il eût la témérité de monter, de dépasser la limite où va le chamois, il fallait ces bruits de trésors, l'imagination ignorante qui confondait les stalactites avec le cristal de roche, cristal et diamant, que sais-je? On ne

trouva pas tout cela, mais on trouva le mont
Blanc.

———

Examinons les terreurs qui l'environnaient alors:
Chamounix était ignoré, inconnu au pays même.
On ne tournait guère, en bas, par la longue et triste
vallée. C'était plutôt le passant qui, suivant le couloir de Notre-Dame de la Gorge (un chemin vers
l'Italie), par hasard, était curieux et montait au
Prarion, regardait de là le mont Blanc. Mais quel
vis-à-vis terrible! On est près de lui, à deux pas.
Ce n'est pas, comme de loin, l'effet d'un immense
cadavre, allongé, qui, à la tête et aux pieds, a d'autres Alpes. De près, on le voit en hauteur, seul, un
immense moine blanc, enseveli dans sa chape et
son capuchon de glace, mort, et cependant debout.
D'autres y voient un éclat, un débris de l'astre
mort, de la pâle et stérile lune, une planète sépulcrale au-dessus de la planète.

La vaste calotte neigeuse a l'effet d'un cimetière.
Pour monuments, des pyramides en sortent sombres, en deuil, en contraste avec la neige. Ces antiques filles du feu protestent contre les glaces;

elles disent que ce blanc catafalque n'est rien en comparaison de l'infini ténébreux qui plonge et s'étend dessous.

Si l'on va par Chamounix pour prendre le pied du mont, on se voit dans une impasse, lugubre huit mois de l'année (ne la jugez pas au moment où vient la foule bruyante, quelques jours, au grand soleil). La forcla du Prarion, la forcla de la Tête-Noire, serrent et ferment la vallée. On y est comme enfermé. Chateaubriand a senti que, sous le pied du colosse, sous cette énorme grandeur, on a peine à respirer. Combien on est plus à l'aise au mont Cenis, au Saint-Gothard ! Leurs sommets, tout sérieux qu'ils peuvent être, n'en sont pas moins les grandes routes, les voies naturelles de toute vie animée. Que de chevaux, que de troupeaux, même d'oiseaux voyageurs ! Le mont Blanc ne conduit à rien ; c'est un ermite, ce semble, dans sa rêverie solitaire.

Étrange énigme entre les Alpes. Tandis que toutes elles parlent par d'innombrables cours d'eau, tandis que le Saint-Gothard, expansif, généreusement verse, aux quatre vents, quatre fleuves qui font tant de bruit par le monde — le mont Blanc, ce grand avare, donne à peine deux petits torrents (qui grossiront, mais plus bas, enrichis par d'autres eaux). A-t-il des sorties souterraines ? Tout ce qu'on voit, c'est qu'il reçoit toujours et donne très-peu. Doit-on croire que, discrètement, ce muet thésauriseur, amasse, pour la soif future, pour les sécheresses du globe, le trésor de la vie cachée ?

———

Dès 1767, sur le glacier du Léchaud, on voyait nombre de grottes que les chercheurs de cristaux avaient creusées et fouillées. En 1784, un guide, disait-on, avait été heureux, en avait trouvé beaucoup dans un éboulement ; il aurait rapporté 500 livres pesant de grands cristaux, transparents, de belle teinte purpurine. Cela leur fit perdre la tête. Un des Balmat (famille illustre de guides, et intrépide entre toutes) monta et ne trouva rien qu'un épouvantable orage qui le mit fort en danger. Les Esprits de la montagne voulaient décourager, sans doute, les indiscrets, les téméraires qui touchaient à leur trésor.

Mais un autre Esprit, par le monde, errait inquiet, curieux, aventureux, intrépide, l'Ame du dix-huitième siècle qui ne se décourageait pas. De plus en plus, on regardait en haut ; une ambition de Titan était chez tous. Le ballon fut inventé en 1783; Pilatre, Arlandes, les premiers des mortels, quittèrent la terre.

L'ascension du mont Blanc, provoquée par les savants, les Paccard et les Saussure, fut faite, en juin 86, par Jacques Balmat (de Chamounix). Balmat trouva le chemin et y mena Paccard (août 86), Saussure (août 87).

III

PREMIÈRES ASCENSIONS — GLACIERS

III

PREMIÈRES ASCENSIONS — GLACIERS

La gloire de M. de Saussure, c'est moins son ascension, et quelques expériences, que son beau voyage imprimé, où il donne sur le mont Blanc et les Alpes en général tant de faits intéressants, bien vus, appréciés judicieusement. On sent en lui, ce qui est rare, un homme digne de ce nom, équilibré d'études et de caractère, d'exercice et d'action.

Il est singulier, curieux, honorable pour la Suisse, ce pays d'éducation, honorable pour la sérieuse Genève, qu'on ait fait un homme exprès, qu'on l'ait préparé quarante ans pour la découverte des Alpes. En 1741, deux Anglais en promenade avaient trouvé, signalé (comme on aurait fait d'une île ignorée de la mer du Sud) le pied du mont Blanc, Chamounix. Genève y fit attention. Ses naturalistes illustres, les Trembley, les Bonnet, en parlaient fort. Le dernier était parent de Saussure, qui venait de naître. Sa mère (mademoiselle de la Rive) en eut la vive impression. Une éducation savante, persévérante, ingénieuse, fut donnée à cet enfant. Mathématicien, physicien, il professe à vingt ans les mathématiques. Des courses bien dirigées en firent un marcheur, un grimpeur, enfin l'homme tout aguerri à ces excursions de montagnes. Il commença en 1760, monta au Brevent, au lieu d'où on voit le mieux le mont Blanc. Il en rapporta l'image. Pendant vingt-sept ans, chaque été, il voyageait dans les Alpes, revenant toujours au grand but pour lequel il fut élevé, et l'envisageant de plus près. Il en prit la passion, et ne rêvait d'autre chose. « C'était une maladie, dit-il. Mes yeux ne rencontraient pas le mont Blanc qu'on voit de tant d'endroits des environs de Genève, sans que j'éprouvasse une espèce de saisissement douloureux. »

Pourquoi monta-t-il si tard, se laissa-t-il devancer? La famille qui l'y avait si soigneusement préparé, au moment de l'exécution, sans doute était inquiète. On le voit par son retour, tel qu'il le raconte lui-même. Tous ses parents et amis s'étaient portés à Chamounix, et attendaient sa descente dans une anxiété extrême. Et les parents de ces guides n'étaient guère moins inquiets. La joie fut grande quand enfin ils revinrent de la montagne et tombèrent entre leurs bras. Était-elle là cette mère admirable qui si longtemps l'avait préparé à cela, et dont la persévérance avait tant fait pour l'entreprise? Il ne le dit pas. On y a regret.

Avec une sage lenteur il ne publia son voyage que plusieurs années après. Dans ce beau livre, riche de faits, et qui restera toujours le premier sur ce sujet, les questions essentielles étaient posées, peu résolues encore. Le milieu grave, excellent, de grande autorité morale, mais très-strictement Biblique, où vivait M. de Saussure, le rendait un peu timide. Buffon, à son premier élan, avait été arrêté, et forcé de reculer. Si Saussure n'avait trouvé moyen de ménager la tradition, il eût blessé ses amis, les Bonnet et les Haller. Il lui fallut à tout prix ménager la Genèse, s'arranger avec le Déluge, ne pas voir ou ne pas comprendre les faits qui auraient blessé le vieux texte. Il manqua la découverte capitale, et la science attendit cinquante années. Ceux qui vivaient près des glaciers, chasseurs de chamois, bûcherons, guides ou chercheurs de cristaux, auraient pu dire au savant le fond de toute l'affaire, tel qu'ils l'avaient vu toujours, tel qu'on le voit aujourd'hui.

Le glacier est chose vivante, non morte, inerte, immobile. Il se meut, avance, recule pour avancer encore. Il absorbe, mais rejette, n'admet pas de corps étrangers. Sur le glacier de l'Aar, de pente fort douce, un rocher porté sur la glace fait une lieue en trente-trois années. Aux glaciers du mont Blanc, il paraît que le voyage demande quarante ans. On l'a su par une échelle qu'y avait laissée Saussure. On l'a su par la tragique catastrophe de l'un des Balmat. Ces héros du glacier ont été aussi ses martyrs. Par eux surtout, on a connu son mouvement progressif. Ils l'ont mesuré de leur corps. Jacques Balmat fut englouti en 1834; Pierre Balmat en 1820, et ses débris, rejetés du pied du glacier en 1861, démontrèrent qu'il accomplissait sa descente en quarante ans. Les pauvres restes qu'on voit sous verre au musée d'Annecy touchent fort, quand on réfléchit que cette famille héroïque, non-seulement monta la première au sommet, mais par son malheur constata la loi des glaciers, leur évolution régulière qui ouvre un horizon nouveau.

Dès 1706, Hottinger avait marqué leurs progrès et reculs alternatifs. Le savant Scheuchzer (de Zurich) avait parfaitement décrit comment se purge le glacier de ses rocs, de ce qui l'encombre. Les rochers que le mont Blanc a mis ainsi hors de son sein, sont aisés à reconnaître, étant généralement d'une matière rare ailleurs, ce granit gris, à points verdâtres, qu'on appelle protogine. On trouvait de tels rochers autour, dans les vallées voisines; cela n'embarrassait pas. Mais on en trouvait aussi fort loin, jusque dans le Jura. Comment avaient-ils été là? Cela embarrassait fort. Même difficulté pour ceux qui, d'après leur qualité minérale, paraissent venir du fonds de la vallée du Rhône. Même pour les rochers de l'Aar, etc., etc.

Tels de ces rochers qui ont une longueur de 60 pieds, 20 ou 30 de hauteur, sont évidemment de grand poids. Dire que l'eau les a roulés là, c'est une chose insoutenable. L'eau n'eut jamais cette force. Et ils n'ont pas été roulés, ils ont gardé tous leurs angles qui, dans un si rude voyage, auraient été effacés. « Ils auront été *lancés* par les courants Diluviens, » dit Saussure. Prodigieuse opération, qui fait passer ces rochers par-dessus le lac de Genève. « Pour cela, ils devaient voler avec une vitesse de 19,000 pieds par seconde, sous la pression d'une masse d'eau de 6 milliards de pieds! » (Charpentier, 195.) L'idée paraissait ridicule.

Mais après 1815, au fort de la réaction, la Genèse et le Déluge eurent faveur. Pour seconder le Déluge, on appela au secours les feux d'en bas : on supposa qu'à la brûlante éruption du granit, une fonte subite des glaces donna au courant du Déluge cette épouvantable puissance de lancer de pareils rochers (de 60 pieds de longueur!) du Valais jusqu'au Jura.

Si, au lieu d'imaginer, on eût daigné observer, on eût senti que les choses se sont passées en ces temps comme elles se passent aujourd'hui. Avec une extrême lenteur, mais avec un progrès certain, régulier et calculable, le glacier expulse ses rochers en les poussant devant lui, sans secousse, sans changement de leurs angles, de leurs formes. Il les transporte tels quels, pour ainsi dire sur roulettes. Ces roulettes, ce sont les cailloux qui eux-mêmes, roulant dessous, entraînent la masse en avant, polissent parfaitement les chemins, marquent le sol de fortes stries reconnaissables qui permettent de suivre aisément le passage du rocher.

Cette explication fort simple avait été probablement de temps immémorial l'opinion populaire des gens qui vivaient auprès et voyaient ces phénomêmes. Déjà, en 1815, Playfair l'avait adoptée, avait attribué aux glaciers le transport des blocs. Mais les courants du Déluge, la Genèse, que devenaient-ils?

Deux hommes, dans le Valais, l'ingénieur Venetz et Charpentier, directeur des salines, discutaient ces questions. Le second, en 1815, allant au Grand Saint-Bernard, coucha chez un chasseur de chamois qui lui dit : « Ces blocs sont trop gros; jamais l'eau n'eût pu les porter. Toute la vallée du Rhône jusqu'à une grande hauteur fut occupée par un glacier. » Un bûcheron de Meyringen lui dit plus tard les mêmes choses pour le glacier du Grimsel qui jadis alla jusqu'à Berne. Un habitant de Chamounix attribuait aussi aux glaciers le transport des blocs sur les hauteurs de la route. Ces blocs, identiques au mont Blanc, qui portent si visiblement leur certificat d'origine, racontent, enseignent sur la route, indiquent avec précision, l'ancienne extension du glacier.

Fallut-il un froid terrible pour produire cette extension? Point du tout. M. Charles Martins a prouvé par un calcul irréfutable qu'avec quelques mauvais étés qui continueraient l'hiver, avec un froid augmenté de 4° seulement, la limite des neiges éternelles baisserait précisément au niveau de la plaine suisse, qu'elles pourraient l'envahir, en faire peu à peu le glacier.

Rien n'a plus servi la science que la familiarité qu'on a prise avec le glacier, le visitant si souvent, l'observant dessus et dessous. Les nombreuses ascensions, surtout les séjours prolongés, ont fait voir tous ses accidents. On a perdu le respect. On a habité le glacier. MM. Agassiz et Desor y ont vécu des mois entiers, des saisons, pendant cinq années. On a sondé ses fameuses crevasses. MM. Dollfus et Ch. Martins en ont trouvé de 100 pieds, M. Desor une de 1,000. Hugi a sondé le dessous. En se traînant ou rampant, il a vu combien les glaciers diffèrent de structure intérieure. Les uns étaient fixés au sol, appliqués solidement. D'autres au contraire tout à fait creux. D'autres ne reposaient plus que sur des blocs ou piliers qui doivent tôt ou tard s'affaisser. Bref leur caractère varie, ainsi que leurs habitudes.

Ont-ils occupé le monde, comme le pense Agassiz? Ont-ils par deux fois replongé le globe sous le froid manteau uniforme de l'hiver? C'est ce que semblent indiquer les nombreux blocs erratiques qu'on trouve en tant de pays.

On croit aujourd'hui dans les Alpes que, pendant sept ans ils avancent, et pendant sept ans reculent. S'ils reculent, l'été est fort et la moisson abondante, les subsistances faciles, et l'aisance assure la paix. S'ils avancent, l'année est froide, pluvieuse, les fruits peu mûrs, les blés manquent, et le peuple souffre. La Révolution n'est pas loin.

Ils avancèrent horriblement au grand moment solennel 1815-1816. Ils avancèrent en 49 (Tschudi), et par la cherté des vivres ne contribuèrent pas peu à la chute de la République. Ils ont reculé douze années dans les chauds étés qui revinrent de 53 à 65 (d'après les observations de M. Charles Martins). Vont-ils avancer maintenant, nous faire des années pluvieuses, moins fertiles et compliquées de plus graves événements?

Redoutable thermomètre, sur lequel le monde entier, le monde moral et politique, doit toujours avoir les yeux. Les changements d'atmosphère qu'ils indiquent, ces phénomènes d'influence immense et profonde, avec la vie alimentaire, changent aussi la pensée, l'humeur et la vie nerveuse. C'est sur le front du mont Blanc, plus ou moins chargé de glaces, que se lit le futur destin, la fortune de l'Europe, et les temps de la paix sereine, et les brusques cataclysmes qui renversent les empires, emportent les dynasties.

IV

LE CHATEAU D'EAU DE L'EUROPE

IV

LE CHATEAU D'EAU DE L'EUROPE

Rien de comparable aux Alpes. Nul système de montagnes ne me semble en approcher, ni pour le rayonnement de ses groupes heureusement agencés, articulés, ni pour la disposition superbe de ses réservoirs, qui, de glaciers en torrents, en lacs, en fleuves immenses, versent la vie à l'Europe.

Les Cordilières, les Pyrénées, dans leur ligne prolongée, ne semblent pas un système. L'Himalaya, si énorme, autant que j'en puis juger, dans l'immense écartement de ses deux extrémités, entre le Sind et le Gange, relie moins fortement l'ensemble. Une grande quantité d'eau, non réglée, désordonnée, se perd dans ses longs marais, aux vastes et dangereuses jungles qui s'étendent à ses pieds.

Aux Alpes, tout est concordant. Les nobles amphithéâtres qui envoient aux quatre mers le Pô, le Rhône, le Rhin, et l'Inn (ce vrai Danube), ne sont pas tellement séparés qu'on ne puisse pour ainsi dire les embrasser d'un regard. La plupart à la naissance se touchent presque et sont frères, partant d'un même massif qui est le cœur du système, le cœur du monde Européen.

La sublime impression qu'on reçoit de ces montagnes n'est nullement de fantaisie. Elle est l'intuition naturelle et raisonnable d'une véritable grandeur. C'est le réservoir de l'Europe, le trésor de sa fécondité. C'est le théâtre des échanges, de la haute correspondance des courants atmosphériques, des vents, des vapeurs, des nuages. L'eau, c'est de la vie commencée. La circulation de la vie, sous forme aérienne ou liquide, s'accomplit sur ces montagnes. Elles sont les médiateurs, les arbitres des éléments dispersés ou opposés. Elles en sont l'accord et la paix. Elles les accumulent en glaciers, et puis équitablement les distribuent aux nations.

Le mot fort, juste, profond, qui a été dit là-dessus n'est pas d'un homme de science, d'un Saussure. Un simple touriste, venu pour l'amusement, sur une belle mer de glace au centre d'un cirque imposant, fut saisi, et, s'écria : « J'ai trouvé la *place de la Concorde* du monde. »

Rien de plus vrai, de mieux senti. Les vents d'ouest et sud-ouest, chargés des eaux, des vapeurs de l'Atlantique, du Pacifique même, font leur dépôt, bientôt fixé au souffle du vent du nord. Elles resteraient là captives, si le brûlant vent du sud, dans une heureuse fureur, par moment ne les réveillait, ne les forçait de partir en brumes, en rosées, en pluies qui font la joie de la terre.

Bel accord. Noble harmonie. Tout ce qui ailleurs est obscur, ici est dans la clarté. Les Alpes sont une lumière. Elles enseignent, rendent sensible la solidarité du globe.

Ces nuées, venues de si loin, doivent, après la traversée, se recueillir volontiers, chercher un moment de repos. La place est grande sur les Alpes. Quarante, cinquante lieues de glaciers, du

Dauphiné au Tyrol, c'est un assez beau lit, ce semble. Mais telle est la légèreté, l'inconstance de ces voyageuses, que la bonne hospitalité des Alpes ne les retiendrait pas. Un ingénieux travail leur donne un peu de fixité. Leurs flocons neigeux, au soleil, demi-fondus, infiltrés dans les couches inférieures, durcis à la gelée des nuits, deviennent une masse granuleuse. Ces grains ou petits glaçons, assez adhérents entre eux, sont ce qu'on nomme le nevé. Pendant tout l'été ce nevé s'infiltre de fontes nouvelles dont l'eau vient se déposer au pli où sera le glacier. Gelé, dégelé, regelé chaque nuit (même pendant l'été), ce nevé fait la glace blanche, mêlée encore de bulles d'air. Mais ces bulles disparaissent. La glace se stratifie en lames, en couches azurées.

Voilà des vapeurs bien fixées. Solides et stratifiées, elles gisent, vouées, ce semble, à une captivité éternelle et définitive. D'autres qui viennent par-dessus en flocons à l'état de neige et bientôt durcies en nevé, couvrent les couches azurées, les défendent du soleil. Celles-ci devraient augmenter, épaissir. Ce qu'elles distillent par en bas aux couches inférieures semble peu en comparaison des masses qui viennent d'en haut. Cependant l'équilibre existe. Le mont Blanc, en soixante ans, est resté justement le même. Son sommet n'a augmenté ni diminué de hauteur, dit M. Charles Martins.

En réalité, une force brusque qu'on croirait inharmonique, intervient, fait l'harmonie. Par moments, le tyran du sud (Fœhn, Autan, Siroco, Simoun, Vaudère, il a plus de vingt noms), tombe impétueux, terrible, impatient, dans ce morne monde. A grand bruit, il interpelle toutes ces eaux immobiles qui ont peine à se délier de leur engourdissement. Mais il n'y a pas moyen de lui faire la sourde oreille. Il insiste, il siffle, il tonne... Nul délai, pas un moment.

Ce brûlant démon d'Afrique, pour ce grand coup, aime la nuit. On peut le prévoir la veille. Une brume changeante flotte sur les cimes. L'air a pris de la transparence, il montre et rapproche tout. La lune a un cercle rougeâtre, et l'horizon se colore d'un violacé singulier. Le vent sur les forêts hautes bruit; un mugissement sourd se fait aux torrents. Il y a une grande attente.

On a tout à craindre en effet. Ce redoutable bienfaiteur a d'abord l'air de vouloir détruire la nature qu'il vient sauver. Il brise, il confond, ravage. Il lance des blocs énormes des hauteurs, roule des arbres gigantesques au lit des torrents. Il arrache, enlève, emporte au loin les toits des chalets. La panique est dans l'étable; la vache effrayée mugit. Dieu ! que va-t-il advenir ?... Ce qui vient, c'est le printemps.

Le Fœhn se moque du soleil. Celui-ci voudrait quinze jours pour fondre ce que le vent d'Afrique a fondu en vingt-quatre heures. La neige ne tient pas devant lui. En deux heures au Grindelwald il en fond 2 pieds de hauteur. Elle finit, la vie souterraine des mystérieuses plantes alpines, leur neige et leur nuit de huit mois. A l'éveil du magicien, elles vivent, voient avec bonheur la lumière de leur court été, et leur petit cœur de fleurs s'éjouit d'aimer un moment. Ce furieux, ce sauvage qui a fait le coup de théâtre, c'est le grand messager d'amour. On ne le sent que trop en bas aux vallées où sa chaude haleine se concentre, énerve, alanguit. Les animaux sont inquiets, l'homme agité, et la femme craintive se serre à lui. Tout révèle un trouble profond.

L'ennemi juré du Fœhn, le vent du nord par moments voudrait prendre le dessus. En vain il lutte. Il est vaincu. L'Amour est maître encore du monde.

Quelle heureuse métamorphose ! que de bienfaits ! La vie, la fécondité, qui dormait au haut des Alpes, la voilà donc délivrée. Plus utiles qu'aucune rivière, ses rosées et ses brouillards s'en vont arroser l'Europe, de ce délicat arrosage qui fait la fine prairie, le velours vert du gazon.

Les grosses pluies, chargées de nitre, les averses électriques, font brusquement verdir la feuille, et suscitent ces jets subits où Nature, au premier éveil, a voulu plus qu'elle-même, s'est oubliée, dépassée, dans ce songe du printemps.

Heureux qui, à la première heure de la grande métamorphose, aurait le sens et l'oreille pour entendre le début du concert de toutes ces eaux, quand des milliers, des millions de sources se mettent à parler ! Telle que je voyais hier aux fentes de la montagne, dissimulée dans la mousse, et simple moiteur encore, qui aurait pu dire de même : « Je suis. » Et : « Je ne suis pas, » — qui ce matin fut un filet à désaltérer un oiseau, — ce soir, quel puissant glouglou, elle a ! qu'elle est devenue grave, importante, impérieuse ! Son bruit devient dominant. Elle entre en conversation avec les sources voisines. Elles ont toutes un esprit à elles, et des voix, des aparté et des communications, je ne sais quel dialogue, une intimité murmurante qui semble échanger leurs secrets. Rapprochées et réunies, elles se divisent ensuite, embrassent de leur clapotement des îles, de petits continents, après lesquels de nouveau mêlées, grossies, elles grondent, courent... Mais voici que tout à coup devant elles la terre a manqué...

Que d'effet nouveaux dans la chute! Qui dira les formes charmantes de toutes les cascades des Alpes! Les plus fameuses ne sont pas les plus belles. J'en sais de secrètes que personne ne va voir et qui n'ont que faire d'être vues, qui semblent cacher au monde leurs grâces molles et paresseuses. Je les écarte en ce moment, j'y resterais, je m'assoirais. Un trop grand attrait me tiendrait près de leurs mystérieuses eaux. Tschudi, dans son livre des *Alpes*, n'a rien senti ni décrit mieux (voy. son chapitre Ier, et celui du Merle d'eau). Mais comment exprimer cela, comment par quelques tableaux, indiquer cet infini, cet iris, ce prisme mobile, éternelle illusion?

Un joli mot a été dit qui vaut toutes les descriptions. Il est de la tendre et aimante, la bonne madame Guyon. Dans son exil d'Annecy, dans ses marais, ses canaux, les bords parfois fiévreux du lac, elle avait peu le spectacle du grand mouvement des eaux des Alpes, ruisseaux, torrents, cascades ou fleuves. Mais son cœur a tout deviné. Elle a senti le beau secret qui est au fond de la vie. Dans son livre des *Torrents*, elle dit tout naïvement : « Ces eaux! mais ce sont des âmes! »

V

SUISSE — LACS ET FLEUVES

V

SUISSE — LACS ET FLEUVES

La Suisse a, dit-on, mille lacs. Nulle autre contrée du monde n'a ces superbes miroirs dans un tel degré de beauté. Tout pays qu'on voit après paraît sombre et, dirai-je, aveugle. Les lacs sont les yeux de la Suisse dont l'azur lui double le ciel.

Même aux lieux les plus désolés où la nature semble finie, aux sombres entours des glaciers, vous retrouvez la lumière dans ces petits lacs solitaires qu'on voit avec saisissement. Tel est ceint de murs de glace, tel de prés et de tourbières ; tel se pare encore de mélèzes qui, mirés dans les eaux grises, les colorent de leur verte image, et de leurs feuilles annuelles rappellent, non sans quelque charme (de gaieté ou de tristesse?) l'heureuse végétation d'en bas.

Ces lacs, muets confidents du glacier, qui par eux sort de sa nuit, se révèle, furent pour nos aïeux les Celtes un objet de terreur et de culte. Ils semblent pleins de mystère ; on y sent un attrait sauvage ; qui les vit y pense toujours. Je m'étonne peu des efforts que fait un poisson courageux pour revenir tous les ans, à l'heure où l'appelle l'amour, jusqu'à ces lacs supérieurs. Le saumon, des mers du Nord, par la longue route du Rhin, par les torrents qui le retardent, remonte invinciblement. Il monte, il force le cours des cascades. Où il ne peut nager, il glisse, avance comme un serpent. Les chutes épouvantables, comme la Reuss au Pont du Diable, ne peuvent, dit-on, l'arrêter.

Quel est le devoir du lac, sa mission dans la nature ? Il doit recevoir l'eau *sauvage* (comme disent les montagnards) et en faire de l'eau *vivante*. Les eaux blanchâtres, vitreuses, chargées d'un froid limon sans vie, qui longtemps, dans la masse opaque du glacier, ont été privées d'air et de lumière, ont besoin de se baptiser dans le jour et le soleil. Le chasseur même de chamois n'ose en boire, il détachera plutôt un glaçon et le mettra sur la pierre pour boire au-dessous les gouttes. Les plantes n'aiment pas davantage l'eau sauvage et la refusent.

La disposition primitive des lacs, étagés jadis en bassins plus ou moins hauts, en déversoirs successifs, où les eaux allaient s'épurant, se voit encore dans l'Engadine et dans le pays de Lucerne. « Le lac d'Alpnach s'enfonce tout au bas de la vallée. Au-dessus le charmant lac de Sarner porte sur le second gradin ; et enfin, sur le troisième, entouré de crêtes élevées, le petit lac de Lungern se voit encore, quoiqu'un conduit l'ait à moitié desséché. » (Tschudi.)

Entre les belles choses du monde deux sont accomplies, sans pair. Au lac de Genève, le *beau*, la noble et grande harmonie. Le *sublime* au lac de Lucerne.

A-t-on percé les secrets que garde le lac de Genève dans son énorme profondeur? Est-il sûr qu'il n'ait que le Rhône et ses quarante rivières pour l'entretenir de leurs eaux? N'a-t-il pas des souterrains, de secrètes intelligences du côté de la Savoie, ou des sources inconnues?

On le croirait volontiers quand on voit ses mouvements inexplicables, ses baisses et ses crues subites. Il est étrange en ses tempêtes. En mai 1867, j'observai combien sa vague rappelle peu les gonflements onduleux des autres eaux ; elles me semblaient plutôt de profondes rayures de burin.

Dans la Suisse, pays de lumière, ce lac est la lumière même ; grand est le coup de théâtre, quand de la porte du Valais, de ce défilé serré qui s'étrangle à Saint-Maurice, la plaine s'élargit tout à coup, et vous met au bord du miroir immense et plein de soleil. Aux heures de l'après-midi. c'est une incomparable fête dont on est ébloui d'abord. Mais cette splendeur mobile, si vivante, est cependant douce dans l'harmonie de ses rivages. Les monts de Savoie eux-mêmes, qui touchent à pic dans le lac, illuminés à cette heure, s'accordent au charmant sourire des collines du pays de Vaud. Peu à peu s'élargissant des châtaigniers d'Evian au promontoire de Lausanne le noble croissant devient une mer d'or, qui va scintillante jusqu'aux ombres du Jura.

Ce qui ne se fait ailleurs que par degrés, de lac en lac, ici s'opère sous vos yeux. Vous voyez le trouble Rhône courir d'abord jaune, impur, puis se calmer, s'azurer. Nulle part on n'assiste mieux à l'épuration des eaux, à la pacification qu'elles éprouvent au sein des lacs.

Et pour les hommes de même, tout autant que pour les eaux, celui-ci semble une aimable, une haute image de paix. Que de luttes il a vues jadis[1], de combats de l'âpre Suisse et de la violente Savoie! Il a tout pacifié à la longue. Heureux interprète des races et des religions, par ses communications charmantes et de toutes les heures, il unit, marie ses rivages. Il est comme une religion commune de la Nature où, sans s'en apercevoir, dans une douce humanité tous les cœurs se sont entendus.

---

[1] Souvenirs trop oubliés. On les retrouvera dans le beau livre du *Léman* de Rodolphe Rey.

Un fort, lourd, petit bâtiment de pierre, n'est pas loin du pont de Lucerne ; de pierre, nul bois n'y est entré. C'est le trésor du canton ; vrai trésor, car là-dedans se trouve un coffre de fer, et dans ce coffre une chose précieuse entre les précieuses, c'est le drapeau dans lequel le magistrat de Lucerne, le vaillant Gondoldingen, blessé à mort, s'enveloppa. Il est encore teint de son sang. Son vœu, sa dernière parole seront un jour la loi du monde : « Qu'on ne garde le magistrat jamais plus d'une seule année. »

Du lac de Genève ici, tout a changé brusquement ; on se croirait dans le Nord. Parmi d'énormes châtaigniers, des hêtres, les graves sapins se présentent au premier plan même et descendent au bord du lac. Et qu'il est austère, ce lac ! Nulle descente. Nulle route autour. A peine quelque sentier où le piéton même, au grand vent, n'est nullement en sûreté.

Le grand Righi à ma droite, le noir Pilate à ma gauche, me tiennent sous leur sombre regard. Sur l'épaule de Pilate, deux froids géants (Silberhorn et Jungfrau, sa sœur) de travers observent le lac, le contemplent de dix lieues.

Nul salut en cas de naufrage. Et l'eau n'est pas seule à craindre. Tout le long de ces rivages, on ne voit que masses ruineuses qui font penser à l'épouvantable écroulement du Rossberg.

De promontoire en promontoire, vous entrez dans ce bassin sombre, durement agité, soulevé entre ses énormes murailles, le tragique petit lac d'Uri. Ce lac a tout le caractère d'un dangereux taureau sauvage, brutal et capricieux. Les fameuses guerres de Suisse, les plus atroces combats, les Morat et les Sempach s'y continuent entre les vents, barrés, rembarrés, entre eux violemment contrariés. Au matin, le nord soufflait ; mais traîtreusement le Fœhn, le midi, surprend le lac, brouille tout. Les vertes vagues donnent l'assaut aux parois qui sont des précipices immenses. Qui vaincra des deux furieux ?...

Par derrière, voici que le Fœhn, qui soufflait déjà par devant, se glisse, suit un corridor détourné, se trouve en face de lui-même et se combat. Alors, entre lui et lui, c'est une rage, un tumulte, un chaos épouvantable. Trop heureux le batelier s'il peut sauter au Tell-Plat et faire, comme le héros, du pied rejeter la nacelle.

Qui croirait qu'un peu plus haut, sur les belles et vertes prairies tout est adouci tout à coup? Ce Fœhn, moins contrarié, est un vent méridional assez fort, mais agréable aux châtaigniers, aux vergers qu'on ne trouverait nullement sur les mêmes hauteurs du Jura. On reconnaît là la bonté, la placidité réelle du patriarche des montagnes, le vénérable Saint-Gothard. La vraie grandeur est débonnaire. En montant, dépassant la grande chute de la Reuss, on le trouve de plus en plus doux.

Il est en réalité le centre du grand château d'eau. Moins élevé que bien d'autres, il fait de son énormité la conciliation des Alpes. En lui, toutes viennent se rapprocher. La chaîne partie du mont Blanc qui domine le Léman, le Rhône, les chaînes qui (d'Uri, Glaris, Appenzell) vont vers Constance, enfin les chaînes Rhétiques qui, de trois cents glaciers, vont alimenter le Rhin, tout se soude au Saint-Gothard. Il garde peu, donne tout. C'est lui qui verse les grands fleuves aux quatre mers, comme ce mont sacré de la Perse, qui versait aussi quatre fleuves aux quatre côtés du monde.

Chacun de ces personnages mériterait une longue histoire. Que de bienfaits on leur doit! Ils abreuvent les nations; mais bien plus, ils les protégent; ils sont la garde des empires. Tout à la fois ils entravent la guerre et servent la paix, le commerce, en sont la voie, les bornes intermédiaires.

Personne ne voit sans respect, leur source, la belle arche d'azur, d'où ils partent le plus souvent Personne qui n'admire leur élan, leur courage, aux cascades immenses où ils se lancent en téméraires. Puis leur majestueux repos dans le mystère des grands lacs. Chacun d'eux, âme profonde de la contrée, en fait la vie souvent par ses défauts même. La sauvagerie qu'on reproche au plus grand (Inn et Danube) est ce qui défendit l'Europe. Sa férocité nous sauva. Ses renommés Portes de fer, ses rocs, si féconds en naufrages, ont mainte fois arrêté l'invincible élan des barbares. Il a mis son flot violent entre nous et la guerre turque.

De même aussi le sombre Rhin, quand de la Via Mala, quand du brumeux lac de Constance, il a tourné enfin au nord, quel grand rôle d'arbitre il prend entre les races et les empires, refoulant l'un, repoussant l'autre! S'il reçoit douze mille rivières, s'il mène jusqu'en Hollande son énorme alluvion (80 millions de pieds cubes), c'est la sécurité qu'il porte pour l'un et pour l'autre rivage. Il ne tient pas à lui qu'à travers nos fureurs, nos ambitions, il ne donne la paix éternelle.

Non moins intéressant le Rhône, quoique plus capricieux. D'abord trouble, véhément, il a l'âme du Valais, les emportements savoyards. Il semble sur le chemin, quand il voit l'austère Lausanne, avant d'approcher de Genève, se faire sage et se convertir. Il prend ce bleu singulier, ce dur azur que jusqu'ici on n'a pas pu expliquer, et qu'il ne garde pas longtemps. Torrent d'abord, fleuve à Genève, repris par les eaux de Savoie, il se refait encore torrent. Telle est sa versatilité. Né jaune et quelque temps bleu, le voilà devenu gris. Il a grand besoin que la Saône, son aimable et pesante épouse (qui en dot apporte le Doubs), le moralise, l'harmonise. A Aisnay, il se marie au fameux autel des Gaules, l'autel des Cent-Nations. Mais croyez-vous qu'il reste sage? Sur sa route, des folles charmantes, des deux côtés se jettent à lui. Il court et il s'effarouche. De plus en plus incapable de se contenir, il court; c'est comme une bête échappée, un taureau de la Camargue. Malgré sa grandeur immense, il se retrouve en vieillissant à peu près ce qu'il est né, et meurt comme il a vécu [1].

---

[1] En écrivant ceci sur le Rhône, j'avais sous les yeux le beau Mémoire de mon ami, le docteur Lortet, aussi excellent géographe qu'excellent botaniste. Cette famille justement vénérée des Lortet a commencé par une sainte, la charitable herboriste des

pauvres. Son fils est médecin, si populaire à Lyon. Ses petits-fils n'ont pas dégénéré. L'un, suivant la voie paternelle, a déjà marqué par d'importantes découvertes de physiologie végétale; je citerai plus loin son Mémoire sur la pressia, qui ouvre une voie si nouvelle. L'autre, l'habile peintre de la Suisse, a seul (depuis Calame) exprimé la verdeur vivante des Alpes, leur puissante nature. Il était au Cervin le jour de l'événement. Tout le monde a vu son saisissant tableau. D'autres sont dispersés dans les manoirs de l'Angleterre, qui se les dispute.

VI

LES HAUTS PASSAGES DES ALPES

VI

LES HAUTS PASSAGES DES ALPES

« Nulle part on ne sent plus les libertés de l'âme. » J'en eus le sens très-vif, lorsque jeune, ignorant, je suivis pour la première fois ces routes sacrées, lorsqu'après une longue nuit passée dans les basses vallées, trempé du morfondant brouillard, je vis, deux heures avant l'aurore, les Alpes déjà roses dans le bleu du matin.

Je ne connaissais guère l'histoire de ces contrées, ni celle de la liberté suisse, ni celle des proscrits, des saints et des martyrs qui traversèrent ces routes. Je n'en sentis pas moins ce que j'ai mieux connu depuis : *c'est l'autel commun de l'Europe.*

Ces vierges de lumière qui nous donnent le jour quand le ciel même est sombre encore dans son azur d'acier, elles ne réjouissent pas seulement les yeux fatigués d'insomnie ; elles avivent le cœur, lui parlent d'espérances, de foi dans la justice, le retrempent de force virile et de jeune résolution.

Ce n'est pas le ciel que regarde au réveil le pauvre laboureur de Savoie, ni le fiévreux marin de Gênes, ni l'ouvrier de Lyon dans ses rues noires. De toutes parts, ce sont les Alpes qu'ils regardent d'abord, ces monts consolateurs qui, bien avant le jour, les délivrent des mauvais songes, et disent au captif : « Tu vas voir encore le soleil. »

L'antiquité, aux Alpes, avait mis trois autels :

Au Dieu de la Nature, à l'âme universelle, à l'Esprit qui balance le jeu des éléments, les vents, pluies et tempêtes. On nommait cela Jupiter.

A la force héroïque qui perça la montagne, fraya la voie. C'était Hercule.

Rome ajouta un temple, un autel : *A la paix du monde.*

Monuments vénérables que toute humanité aurait dû respecter.

Ils étaient de ces choses communes aux nations, aux races opposées même, au-dessus des débats du dogme passager. Hauts symboles de foi supérieure, inscrits dans l'homme et la nature, et qui vivront encore après la mort des dieux.

Certes il le méritait, ce temple ou cet autel, celui qui le premier ouvrit les périlleuses voies, qui dans ces lieux terribles, entre l'abîme et l'avalanche, s'arrêta, prit pied, travailla à assurer et fonder le passage. Le désert, jusque-là, n'avait qu'un habitant, un Esprit de terreur. Sur la pente glissante, sur la corniche étroite, le vertige brouillait la vue, le cœur, aux plus vaillants. Pour rester et s'établir là, conquérir la montagne, il fallut une force plus qu'humaine : « Il fallut Hercule. »

L'Hercule gaulois fit cela le premier. Du coup il fit deux nations. Une Gaule naquit en Italie, une Italie se fit en Gaule. Même âme des deux côtés des Alpes. Dualité sublime, qui, je crois, sur la terre n'a rien de comparable, comme puissance d'humanisation.

La Grèce, ingénieuse, dit que ce bon Hercule fut si content de lui après cette œuvre unique, bienfaisante entre toutes, qu'il s'assit, regarda l'Italie, de l'Etna aux Alpes, et qu'il dit : « ... Me trompé-je?... Il me semble que je deviens Dieu. »

Œuvre en effet divine. Dès ce jour chacune des nations nourrit l'autre. Aux passages se fait un éternel échange de bienfaits mutuels. On le sent aux temps de famine. Saussure rappelle l'émotion des Suisses, lorsque dans la détresse d'un hiver affamé, ils virent les longues files des mulets italiens, ouirent le bruit gai des clochettes qui apportaient le blé, le riz de Lombardie. En retour, les troupeaux des bœufs suisses vont en toute saison nourrir les Italiens. Circulation constante et d'hommes et d'animaux (aux passages secondaires aussi) en plein hiver. Le Valaisan, par le Grimsel, passe ses vins contre les laitages d'Hasli. On le voit, au Cervin, en novembre, non sans danger, traverser le glacier avec ses bestiaux, ses mulets, quand les abîmes et les crevasses se couvrant de neige assez dure, donnent au pied un appui craquant.

La montagne n'est jamais sans vie. Les passages, les hospices sont la scène d'un grand mouvement. Les files de bruyants chariots, le son du cor et des clochettes, des voitures, des troupeaux, les accents des langues diverses, tout cela rompt le grand silence des géants glacés qui dominent. Imposants personnages, muets, que l'on connaît à peine. Beaucoup, inexplorés, n'ont pas de nom encore.

Le front inaccessible, couronné de diamants, ils ne regardent guère ce qui se passe en bas. Ils continuent paisibles leur rêve de cent siècles. (Tschudi.)

Sous leurs pieds cependant un monde passe, l'armée des oiseaux qui, au printemps et à l'automne, deux fois par an, franchit les Alpes.

J'en ai parlé ailleurs. J'ai dit leurs dangers, leurs terreurs, mais pas assez peut-être l'ordre admirable qui règle ce mouvement immense, cette grande transplantation d'un peuple.

Dès la mi-février, la cigogne, quittant les minarets d'Égypte, de Tunis, de Maroc, cingle au nord, aux clochers, aux nids héréditaires qu'elle a constitués en Hollande. Le ciel méditerranéen tout à coup s'obscurcit de son nuage ailé, de son bizarre hiéroglyphe, mais le prudent oiseau évite les hautes Alpes centrales. Il prend par les deux bouts, l'ouest, Genève et le Jura, l'est, le Tyrol ou l'Engadine.

Ce froid de l'année voit encore la bonne alouette qui a hâte d'aimer et chanter — le passage du petit héros que rien n'effraye, le rouge-gorge, de l'honnête pinson, le sage oiseau d'Ardennes qui revoit sa forêt avant la première feuille.

L'hirondelle ne vient qu'en avril quand elle est sûre d'avoir table mise, et son festin prêt de mouches et moucherons. Tous les chanteurs la suivent et le dernier enfin, le pauvre rossignol, au grand cœur, à la faible tête, qui pose en bas, se confie aux buissons. Déjà la craintive fauvette a passé (mais de nuit) les sommets trop gardés le jour.

« Heureux qui a des ailes ! » dit-on, mais le passage n'est pas pour les oiseaux si simple qu'on le croit. A 8 ou 10,000 pieds, l'air rare les fatigue, ils halètent. Tels n'endurent pas le froid.

Tels ne résistent point aux chocs de la tourmente.

Et plus que la tourmente, ils redoutent leurs ennemis, les meurtriers ailés. Les uns les attendent au passage, affreux vautours, aigles cruels. Lourds oiseaux cependant que l'on peut éviter. Mais le pis, c'est que d'autres, plus âpres, plus légers, les suivent, faucons ou éperviers, plus un horrible monde d'oiseaux de nuit. Tout ce que peut faire la sagesse, la stratégie, ils l'opposent au danger. Beaucoup ont une forte entente. Ils se mettent ensemble, et vont contre le vent, pour qu'on n'odore pas leur passage. Ils s'unissent en grandes légions. C'est un fort beau spectacle à l'automne de voir les grues, les oies sauvages (oiseau de grande intelligence) former leurs triangles puissants; mettant tour à tour à la pointe les vaillants et les forts qui percent l'air et rendent aux faibles la navigation plus facile.

J'aurais voulu pouvoir demander aux oiseaux leur pensée au moment critique. Je les interrogeais. Ils n'osaient s'arrêter. Mais l'on devine bien leur terreur en voyant combien les autres animaux, moins poursuivis pourtant sont tristes et inquiets. Rien de mélancolique comme les grands moutons italiens qui l'été montent aux Alpes. Soit qu'ils aient le regret de leurs collines natales, soit qu'ils s'inquiètent vaguement des dangers d'un monde inconnu, ils ont la tête basse; point de jeu, point d'ébats; même les agneaux sont sérieux.

Chose bien plus significative. Près de la Contamine, dans un col du mont Blanc qui mène en Italie, je vis la plus naïve image d'inquiétude et de terreur. C'étaient de très-jeunes mulets, vendus près de Sallenches, séparés de leurs mères, et qui allaient se faire revendre au dur Piémont, au sec pays de Gênes, riche en coups, pauvre en herbe, dans ses montagnes chauves. Ces très-charmantes petites bêtes, douces comme les jeunes chevaux, étaient beaucoup plus fines. L'un d'un poil qu'on aurait dit de bourre de soie, semblait né ce matin et à peine sorti de la mère. Tous avaient l'œil sauvage, joli, scintillant et profond, déjà passionné. Jamais je n'avais vu des natures aussi peureuses. La voiture qui passait, la triste et sombre route, tout leur faisait alarme, ils se précipitaient, se serraient, semblaient prêts de sauter dans les précipices. Leurs petites mines folles, égarées, auraient paru comiques; mais on en était trop touché.

Naïfs, enfants encore, ils disaient, exprimaient, dans cette étrange pantomime, ce que les autres (hommes et bêtes) ne disent pas mais roulent en eux-mêmes quand ils passent par ces tristes lieux.

Lorsque, au grand Saint-Bernard, cet antique et rude passage que l'oiseau n'ose prendre jamais, on trouvait sur tel point jusqu'à 40 pieds de neige, lorsqu'on voyait (naguère encore) la morgue, l'hospice, son exposition permanente des morts conservés par les glaces, on sentait bien le tragique du lieu.

Dans le Simplon, la montée italienne si désolée, dit assez le péril par ses précautions excessives. Huit galeries voûtées, six abris, vingt refuges, rassurent, mais avertissent que la mort est sur votre tête. De moment en moment, frappe aux voûtes retentissantes, d'écho en écho roule le lourd tonnerre de l'avalanche.

Rien de plus imposant que les galeries du Splügen, cette œuvre colossale du génie italien. On est effrayé et ravi. Elles ont bien moins l'air d'un passage que d'un palais bâti sur l'abîme pour les invisibles. Les fenêtres, arcades admirables qui encadrent les vues des monts, des précipices, sont d'effet fantastique. Des paysages immenses, se succédant si vite, aperçus par lueurs, semblent une illusion de ces voûtes. C'est comme un cloître des esprits.

Chacun de ces passages a beaucoup vu et pourrait raconter. Que de choses tragiques et touchantes s'y sont passées! Que de séparations à cette limite des deux mondes! Que de déchirements! Qui dira les douleurs de ceux qui, de là-haut, jetaient sur la patrie l'adieu et le dernier regard! Mais ce livre ne veut, ne doit pas toucher à l'Histoire. Elle attristerait la Nature.

Je laisse au haut du Saint-Bernard, dans sa solitude éternelle, le bon et le vaillant Desaix, qu'on a relégué là pour sa victoire de Marengo.

Je laisse toutes les tragédies des longues persécutions romaines, aux seizième, dix-septième siècle, la lamentable file des proscrits de la foi, des libres penseurs, fugitifs, qui s'arrachaient de l'Italie. Quitter le soleil, l'art, ces villes admirables de marbre, qui sont de vrais salons, les ravissants berceaux de toute *humanité* — c'était un peu plus que mourir. Le Nord (boue et fumier) était si noir alors! N'importe, ils s'arrachaient. Un d'eux, grand dans l'Église, et plus grand de génie, ayant atteint les Alpes, dépouilla, déchira, jeta la robe fatale dans le précipice italien, tout son passé aussi, et famille et patrie, tous les chers souvenirs. Nu, il descendit vers le Nord, l'indigence et liberté.

En retour, que de fois, de nos jours, la liberté même, son génie, *le grand Italien* (tant poursuivi, surpris jamais) a passé, repassé, sur ces mêmes sommets, dans les cinquante années où il conçut, créa, mûrit, enfanta la Patrie !

Tout cela sera dit un jour. Pour aujourd'hui, un seul fait, et pas plus, que personne ne connaît encore. Je ne résiste pas au plaisir de conter comment le dernier proscrit des libertés religieuses (M. Muston), fut sauvé par les Alpes même. Il y a trente-six ans de cela.

Son livre des Vaudois l'avait signalé en Piémont aux fureurs de l'intolérance. Il fuyait par les monts à travers l'horreur de l'hiver. On le serrait de près. Il atteignit la nuit les sommets, frontières du Piémont. Nul chemin devant lui qu'un précipice immense, effroyable glissade, de la hauteur des Alpes.

Il était plein d'histoires, des vaillances de ses aïeux, de tant d'hivers que Léger l'indomptable, le grand historien, passa dans les cavernes, du retour héroïque des quatre cents qui, pour alliés, ayant l'hiver et la montagne, arrêtèrent l'effort de deux rois. Muston, du même cœur, se confia aux Alpes, leur remit son salut, se lança sur la pente... Il tomba... mais vivant... en France — *la France de juillet,* une mère qui le prit dans ses bras.

VII

PYRÉNÉES

VII

PYRÉNÉES

Les Pyrénées, filles du feu, n'ont pas la jeunesse des Alpes, n'ont pas leurs abondantes eaux. Elles sont riches de métaux, de marbres, d'eaux chaudes, vivantes, vivifiantes. Elles sont riches surtout de lumière.

Leur mur redoutable, austère, ininterrompu, est la barre entre l'Europe et l'Afrique, cette Afrique qu'on nomme Espagne. Divorce absolu, tranché, que nulle gradation ne prépare. Les Alpes, dans leur épaisseur, font passer assez aisément d'Italie en Provence, à Lyon. Mais si, parti de Toulouse, par-dessus les Pyrénées, leur rapide versant du midi, vous tombez à Saragosse, vous avez franchi un monde.

Avec des pics moins élevés, dans leur continuité elles sont plus hautes que les Alpes. Moins compliquées, elles imposent par leur simplicité grandiose et de style sublime.

Dans une belle opposition symétrique, leurs deux grands fleuves descendent en sens inverse, l'un à l'est, l'autre à l'ouest; l'Èbre à la Méditerranée, la Garonne à l'Océan. Mais l'Èbre va roide et droit. Dans la courbe de la Garonne, s'inscrit, non sans quelque grâce, le beau torrent de l'Adour.

Leur sublime est dans la lumière, dans les ardentes couleurs, dans les éclairs fantastiques dont les couronne à toute heure ce monde âpre du midi qu'elles cachent, qu'on voudrait voir. Là il faut bien avouer que les Alpes cèdent et pâlissent. Aux Pyrénées, les verts d'eau si singuliers de leurs gaves, certaines prairies d'émeraude, en contraste avec leurs ruines, le marbre vert, le marbre rouge qui perce le noir rocher, tout cela est fort à part.

Un miracle incessamment se fait voir à leurs sommets, une transfiguration constante, dans un certain léger bleuâtre, dans l'inexprimable rosé (qui passe entre l'aube et l'aurore), dans la pourpre, dans les ors, et dans les flammes du soir. Cela varie selon l'heure, mais non moins selon la distance; à 30 lieues, à 20 lieues, à 10, tout est différent. Vous avez saisi le pinceau, et vous croyez les fixer. Un pas de plus dans la plaine, tout change. Ces montagnes fées ont pris un autre visage. Leur charme léger du matin, à midi, c'est l'austérité.

Dans un été chaud, orageux, que je passai à Montauban, j'avais, sur le Tescou, le Tarn, sur l'immense et énorme plaine, une fenêtre qui planait de haut, fenêtre extrêmement large, comme une galerie vitrée. Toute la ligne des Pyrénées, de Bayonne au Pic du Midi, et de là au Roussillon eût tenu dans ma fenêtre. Mais à une telle distance, je ne distinguai cette ligne qu'à certaine heure, certain jour. Quand l'air devenait transparent, le jour qui précédait l'orage, j'en voyais l'image flottante. La voyais-je? Était-ce un nuage? Non, c'étaient vraiment leurs cimes. Seulement parfois elles semblaient neigeuses plus qu'elles ne le sont en effet. La belle, grande et riche plaine (je crois, la première du monde), par mille accidents grandioses de campagnes, de rivières, par l'infinie variété, m'avertissait assez de l'éloignement. Mais je n'étais que plus avide de cette vue, plus insatiable, en raison même du douteux, du fuyant, du décevant de la vague apparition. Des heures entières, nous restions dans la contemplation rêveuse, jamais froide, émue toujours. Que de songes du passé, d'imaginations, de chimères, nous suspendions à ce nuage incertain, réel pourtant, qui par moments reparaissait, à cette barrière d'un monde, à l'inconnu d'au delà !

Cet inconnu est pays de roman, d'aventures improbables, d'éléments tranchés sans nuance. Du Maure au Goth, de l'Espagne à l'Espagne, nulle conciliation, un combat éternel, un champ illimité pour la folle espérance. Les *Châteaux en Espagne* flottent déjà sur les Pyrénées. Ce grand mur qui ne baisse qu'aux deux bouts, a là pour portiers deux têtes chaudes (Basques et Catalans) qui ouvrent dignement l'étrange pays de don Quichotte.

Les pors, les prétendus passages qui, dit-on, ouvrent le grand mur, sont d'effroyables casse-cou où six mois de l'année ni le mulet, ni l'homme ne se hasarderaient. La fameuse brèche de Roland qu'il ouvrit de sa Durandal était naguère encore à grand'peine franchie par le contrebandier, le bandit poursuivi. Mais outre ces obstacles entre les deux royaumes, les Pyrénées, par les âpres collines qui leur servent de contre-forts, séparent profondément les vallées, les populations que l'on trouve à leurs pieds. Tribus fort discordantes. Auprès des Basques (Ibères), vous trouvez les Celtes gascons; aux deux bouts (Perpignan, Bayonne,) abonde l'émigration Moresque.

Innombrables contrastes dans la langue et dans les costumes. Même aujourd'hui beaucoup se voient aux foires de Tarbes. Souvent à la fois on y trouve le bonnet blanc du Bigorre, le brun de Foix, le rouge du Roussillon, quelquefois même le grand chapeau plat d'Aragon, le chapeau rond de Navarre, le bonnet pointu de Biscaye. Le voiturier basque y viendra sur son âne avec sa longue voiture à trois chevaux; il porte le berret du Béarn; mais vous distinguerez bien vite le Béarnais et le Basque; le joli petit homme sémillant, qui a la langue si prompte, la main aussi, et le fils de la montagne, qui la mesure rapidement de ses grandes jambes, agriculteur habile et fier de sa maison dont il porte le nom.

Les austères Pyrénées ne sourient qu'une fois, au point central d'où part l'aimable fleuve, un peu fantasque, la Garonne, c'est un fleuve à surprises. Joyeuse fille de la plus sombre mère, la noire Maladetta, elle s'amuse d'abord aux prairies ; mais une chute de 80 pieds la fait tourner sur elle dans un bassin où un gouffre l'avale pour ne la rendre au jour que 2,000 pieds plus bas. Elle est là, on la sent, aux rosiers, aux beaux arbres, aux mille plantes qu'elle favorise. Enfin, heureux coup de théâtre, elle sort en cascade, elle emporte une petite Garonne venue du sud. Que d'aventures l'attendent ! et quelle prodigieuse fortune ! Elle va faire sur la route un monde, créer des champs, créer des villes, jusqu'au point où énorme, immense, oubliant sa montagne, et son rustique nom, elle voit l'infini, *la Gironde.*

L'habitant primitif des Pyrénées paraît être le Basque, l'Ibère, antique race du monde qui précéda le Celte même. S'il a pourtant quelque analogue, c'est chez les Celtes de Bretagne, d'Écosse ou d'Irlande qu'il faut le chercher. Le Basque, aîné des races d'Occident, immuable au coin des Pyrénées, a vu toutes les nations passer devant lui : Carthaginois, Celtes, Romains, Goths et Sarrasins. Nos jeunes antiquités lui font pitié. Un Montmorency disait à l'un d'eux : « Savez-vous que nous datons de mille ans ? — Et nous, dit le Basque, nous ne datons plus. »

VIII

SUITE — PYRÉNÉES

VIII

SUITE — PYRÉNÉES

La mer et la montagne ont là toutes leurs illusions. Rien de plus imaginatif que les hommes de ce rivage, amants de l'impossible, chercheurs acharnés du péril, aux abîmes des monts, aux sombres mers des pôles. Ils pouvaient les courir sans en trouver de pire que la leur, sa *Côte des fous*. Les monts secondaires qui s'y dressent, tel fantasquement découpé, tel demi-ruiné, pendant et menaçant, ont des airs chimériques. Au pied, les grandes landes, peuplées la nuit de visions, étaient au moyen âge les temples du sabbat. Des sommets ruineux à la furieuse mer, trônait le

Prince des vents, l'esprit de trouble et de tempêtes, promettant des trésors et grand maître en mensonges. Parmi ses sorcières, les plus folles du monde étaient les sorcières basques, dangereuses, charmantes (dit Lancre) sous leurs cheveux ébouriffés, quand, par un prestige infernal, à travers le brun sombre se jouait l'or du soleil.

N'en tint-il pas un peu, notre éloquent Ramond, l'amant du Monde Perdu, que si obstinément il poursuivit? Jeune, il avait crédulement suivi d'autres illusions, les rêves de Cagliostro, et son culte de la Nature. D'un cœur ardent, généreux, il s'était élancé plus tard au seuil de la Révolution, espérait la délivrance, le bonheur de l'espèce humaine. Mais bientôt quel cruel retour! quel dur désillusionnement! Refoulé sur lui-même, proscrit, au désert, sans s'abattre, d'un même élan, il se tourna vers la nature. Il sonda l'énigme du globe. Il avait fait déjà un beau livre sur les Pyrénées, plein d'observations très-fécondes. Mais cette fois il cherchait autre chose, brûlait d'atteindre ce qu'on voit de partout, le mont qui disparaît sans cesse et semble se cacher.

Saussure eut moins de peine. Il tenait le mont Blanc d'avance et savait où le joindre, savait ce qu'il était, un dôme de granit. Ramond cherchait le mystère d'une cime qui, quoique calcaire, a monté aussi haute que les pics de granit eux-mêmes. Avec une incroyable ardeur il suivit dix ans cette étude dans ses courses aventureuses, ses ascensions solitaires. A cette époque de guerre, les Espagnols qui gardaient leur frontière sur le Taillon, à la hauteur de 10,000 pieds, voyaient en bas dans les grands cirques déserts, ou dans les précipices, la figure de cette âme errante, et disaient : « Quel est cet Esprit? »

Les seuls êtres que Ramond rencontrât aux vallées profondes qui s'étendent entre les deux chaînes du double mur des Pyrénées, c'étaient les moutons espagnols, qui chaque année viennent de loin chercher l'herbe, la fraîcheur. Leurs sauvages conducteurs qui se croient un peu sorciers, sont aisément visionnaires. Leur seule intimité est avec leurs bêtes elles-mêmes; bêtes rêveuses qui en savent, ce semble, plus qu'elles ne disent. Le berger les croit des âmes, seulement âmes non chrétiennes, n'ayant pas été baptisées.

En Espagne, le berger règne et dévaste le pays.

Autorisés de la Mesta (une puissante compagnie), cinquante ou soixante mille bergers, et leurs triomphants merinos mangent tout de l'Estramadure à la Navarre, à l'Aragon. Ce berger, avec sa peau de mouton au dos, et aux jambes l'abarca de peau velue, de loin semble lui-même un sauvage merinos.

———

J'écrivais dans l'histoire de France (avant 1833) : Ce n'est pas à l'historien d'expliquer les Pyrénées. Vienne la science de Cuvier, de Buch, d'Élie de Beaumont. Qu'ils racontent cette histoire antéhistorique. Ils y étaient eux, et moi je n'y étais pas, quand la nature improvisa sa prodigieuse épopée, quand la masse embrasée du globe souleva l'axe des Pyrénées, quand les monts se fendirent, et que la terre, d'un titanique enfantement, poussa contre le ciel la noire et chauve *Maladetta*. Cependant une main consolante revêtit peu à peu les plaies de la montagne de ces vertes prairies qui font pâlir celles des Alpes. Les pics s'émoussèrent et s'arrondirent en belles tours. Des masses inférieures vinrent adoucir les pentes abruptes, en retardèrent la rapidité, et formèrent du côté de la France, cet escalier colossal dont chaque gradin est un mont.

Montons donc, non pas au Vignemale, non pas au mont Perdu, mais seulement au por de Paillers, où les eaux se partagent entre les deux mers, ou bien entre Bagnères et Baréges, entre le beau et le sublime. Là, vous saisirez la fantastique beauté des Pyrénées, ces sites étranges, incompatibles, réunis par une inexplicable féerie ; et cette atmosphère magique, qui tour à tour rapproche, éloigne les objets. Mais bientôt succède l'horreur sauvage des grandes montagnes qui se cachent derrière, comme un monstre sous un masque de belle jeune fille. N'importe, persistons, engageons-nous le long du gave, par ce triste passage, à travers des entassements infinis de blocs de 3 et 4,000 pieds ; puis les rochers aigus, les neiges permanentes, puis les détours du gave, battu, rembarré durement d'un mont à l'autre ; enfin le prodigieux cirque et ses tours dans le ciel. Au pied, douze sources alimentent le gave qui mugit sous des ponts de neige, et cependant tombe de 1,300 pieds la plus haute cascade de l'ancien monde.

Nulle part autant qu'aux Pyrénées on ne se sent en rapport avec l'âme de la terre. Elle est sensiblement dans ces sources profondes où sa vie souterraine remonte jusqu'à nous. Nulle analyse n'explique leur puissance. Nous avons beau mêler et combiner tous les éléments qu'on y trouve, nous ne produisons rien encore, un travail inconnu se fait toujours en bas. Un éminent métallurgiste, M. de Sénarmont dit : « La nature n'a pas interrompu la création minérale. Nombre d'espèces ne sont pas reproduites. Leurs éléments ne paraissent pas avoir obéi aux mêmes affinités que nous mettons en jeu. Les réactions, les affinités chimiques peuvent être soumises à d'autres lois. » (*Ann. de chim.*, t. XXX, p. 129.)

On le sent à Barèges, aux Pyrénées centrales. On le sent en Bohême, au sombre entonnoir de Carlsbad. Ce sont là des eaux sérieuses et de redoutables puissances. Ne les comparez pas aux sources innombrables, simples eaux de lavage, qui traversant des couches minérales, simulent les thermes véritables par des imitations, des teintures affaiblies. Celles-ci donnent la vie, mais quelquefois la mort aux prétendus malades qui viennent à la légère les profaner de leurs amusements. Il ne faut s'y jouer. Gens de plaisir, allez. Respectez ces lieux graves où la puissante Mère communique avec ses enfants.

On ne s'y méprend pas quand on monte à Baréges. Elle est là secourable, et redoutable aussi, son génie austère est présent. Quiconque y vient non prévenu, en est saisi. Les grands travaux de la montagne qui se fait, s'élabore elle-même, ces choses ailleurs cachées sont ici manifestes. C'est sous la ruine même, suspendue, menaçante, qu'on vient chercher la vie. Et sur la rive en face c'est la ruine qui fit la prairie; les maisons, les troupeaux sont établis dessus. On le sent, tout est éphémère. L'homme est admis par grâce en ce lieu dangereux, en ce sombre laboratoire des grandes forces de la nature.

Son travail est encore plus visible à Olette, son combat, son effort pour amener ici l'esprit d'en bas. Il a lutté mille ans pour se révéler tout à fait. On le sentit dès Charlemagne, et peu après 800 on y bâtit un sanctuaire. Une âme chaude était dans la contrée. On savait laquelle. On l'appelait l'*Exalada*. On la sentait à de grands signes. Sur cet escalier de montagnes (*Graus d'Olette*), tel gradin donnait quelque eau chaude, tel du cuivre mêlé d'argent. Mais un grand travail intérieur se poursuivait. Par moments des désastres effrayaient la contrée et la rendaient déserte. Des moines qu'on y mit d'abord ne purent conjurer ces puissances inconnues et s'enfuirent dans le bas pays.

Le Roc des trépassés témoigne des ruines, des catastrophes de ces temps. Les tremblements de terre étaient continuels. L'esprit captif frémissait, s'agitait. Il a fallu mille ans pour faire sa délivrance.

C'est le mont Canigou, le pic du Roussillon, ce solitaire, à part des Pyrénées, qui verse autour toutes ces sources, d'Olette, d'Amélie, de Vernet. En ses chaudes entrailles, il a gardé la vie, redoutable autrefois, aujourd'hui bienfaisante.

On a vu là (comme à Java, comme aux Antilles au départ du Gulfstream) que plus coule l'eau chaude, plus les tremblements diminuent[1]. Trente sources peu à peu parurent, et telles des plus chaudes du monde (une à 78°.) L'ensemble donnerait par jour 1,800 mètres cubes, dix mille bains à la fois. C'est toute une rivière de

---

[1] C'est ce que montre le *Livre vert*, ms. antique, conservé à Perpignan. — Voy. les travaux intéressants de MM. Renard, Bouis (Olette, 1852).

santé, d e jeunesse, de force, un vrai fleuve de vie.

La plus grande merveille, c'est la diversité des sources. Toute température, toute combinaison y est représentée. Dans ce lieu si étroit, vous trouvez réunies les eaux des Pyrénées, Cauterets, Bagnères et Barèges, je ne sais combien d'autres se sont donné là rendez-vous. Et d'autres sources encore, tressaillant sous vos pieds, réclament, et, des ténèbres perçant à la lumière, semblent dire : « Enfin c'est mon tour. »

IX

LE BOLLENTE — ACQUI

IX

LA BOLLENTE — ACQUI

« Le travail est mon dieu. Il conserve le monde. » Moi, il m'a vraiment conservé. Ma vie, grâce à lui, très-égale, s'est maintenue toujours la même, en augmentant sa force productive. Sauf un accident (vers trente ans), je ne soupçonnais rien de nos misères du corps.

Enfermé dans l'histoire, dans la construction de mon énorme pyramide, rarement et fort tard je regardai vers la Nature. Il fallut qu'elle-même m'avertît, me prouvât qu'on ne peut pas rester loin d'elle impunément. Par le cœur, le souci d'un intérêt très-cher, me voici un matin plongé aux sciences de la vie — non comme un curieux cherchant l'amusement — mais comme un voyageur en péril dans la frêle barque, sur la vague incertaine qu'il voudrait percer du regard. Cela me servit fort. Un si vif intérêt, doublant l'attention, donne une seconde vue, tout au moins fait saisir dans les choses de vives lueurs.

Rassuré d'un côté, je fus atteint de l'autre. Avec chagrin, surprise (j'allais dire presque, indignation), je me trouvai malade (1853). Pour la première fois, le monde avait eu prise. Je languis à Nervi, près Gênes. Cet admirable pli de l'Apennin m'enveloppait. Le soleil italien, l'air léger, la corniche basaltique où je me traînais à midi, étaient des protecteurs. Compagnon du lézard sur cette côte aride, je me consumais de repos. L'action, pour qui a gardé l'âme entière, est un besoin croissant, pressant, impérieux. Sans doute, l'oisif qui ne vit pas, ou qui a trop vécu, jeté au vent son âme, s'en va plus aisément. Mais, celui qui en pleine course, en plein élan, est arrêté, ressent bien autrement le coup. Je mourais plein de vie, d'idées, d'études et de projets, d'œuvres fortes, rêvées, commencées. L'histoire, mon grand devoir, réclamait, gémissait de ne point s'achever. La nature réclamait. Je l'avais entrevue par la science et par le bonheur. Par quelle malignité sauvage, en m'entr'ouvrant son sein, tout à coup me repoussait-elle? Ironie violente, de briser, en disant : « Vis et jouis encore ! »

L'Italie est toujours le pays des grands médecins. Leur oracle infaillible m'imposa un remède extrême. L'arrêt fut celui-ci : « Qu'il rentre dans la terre. Inhumé, sous la terre brûlante, il revivra. »

Le lieu salutaire et funèbre, où l'on s'ensevelit, est Acqui dans le Montferrat. Petit pays, maigre et sauvage, qui serait inconnu sans sa position militaire, ses guerres où l'on s'est tant tué pour avoir la porte des Alpes. Le fer, le soufre et le silex, sont la constitution même du pays. Autour des bois mesquins, et de petites vignes d'un vin blanc, chaud, et qui sent le silex. Par la vallée s'en va la Bormida, rivière? torrent? qui ne manque point d'eau, mais ses chutes, ses sauts violents, la rendent comme ses sœurs, les rivières du Piémont, insociable, inhospitalière. Ces cours d'eau qui servent si peu, où jamais barque ne paraît, semblent tristes, farouches. Les animaux aussi, ce semble. J'y vis un petit bœuf qui me regardait de travers, et qui s'en alla, sans raison, frapper de la corne un cheval.

Un reste d'aqueduc romain pare et ennoblit la vallée. Ce débris ruineux, encore debout, sur le vague terrain que les eaux couvrent en certaine saison, disparaîtra un jour dans ces fureurs subites qu'a par moments la Bormida, et laissera ce lieu à sa monotonie.

Les deux rives abondent d'eaux chaudes. Sur la rive gauche est la ville, avec sa belle source, très-célèbre, la Bollente. Elle coule à gros bouillon, limpide, mais fortement soufrée. Elle coule, ou plutôt elle lance, avec une roideur qui témoigne de la hauteur d'où elle vient, du riche fonds dont elle part. Jadis l'aqueduc romain la prenait, et par-dessus le fleuve la portait aux Bains sur l'autre rive. Aujourd'hui délaissée, dans le quartier des Juifs, elle suit le sort de la ville, jadis évêché souverain, maintenant peu peuplée, pourtant intéressante, dans sa noble ceinture de superbes platanes qui l'entourent d'un côté, et qui s'en vont déserts en remontant la rive de la déserte Bormida.

Le grand mystère est sur la rive droite. Toute la terre est travaillée, les collines minées profondément d'eaux chaudes. Le secret justement est cette mort de la montagne qui, tamisant incessamment ces eaux, va se détruisant elle-même. Les bains romains furent, il y a trois siècles, engloutis d'un éboulement. Et le même travail se fait et se prépare encore. A la chute, l'on vit que tout le pays bouillonnait. Pour pouvoir bâtir quelque chose, il fallut contenir, étouffer d'innombrables petites sources. Elles se turent, mais elles vivent souterraines, elles rendent la terre vibrante. Aux petits bois qui entouraient les bains, à la fontaine où l'on va boire l'eau froide, aux collines et partout on a ce sentiment que quelqu'un, mal enseveli, s'agite, tressaille sous vos pieds.

———

Les bains sont une sorte de cloître, divisé en logements de trois côtés. Le quatrième, avec des arbustes, un petit parterre, est ouvert et forme l'entrée. Le logement des pauvres est loin, tout à fait séparé de ceux qui payent pension. Cette séparation n'existait pas, il y a quarante ans. Sous un rapport, je le crois regrettable. Plus près de leurs misères, on serait, je crois, moins léger. Bon gré mal gré, on se souviendrait mieux des communes destinées humaines. Notre directeur vénérable (chevalier Garrone) se piquait fort de s'assurer lui-même des aliments qu'on leur donnait. Nous étions touchés de le voir, ce digne militaire de grande taille, revenir le matin décoré à sa boutonnière de la cuiller d'essai qu'il portait avec lui, se parer noblement des insignes de la charité.

S'ils étaient bien nourris, leur logis, en revanche, était triste, serré. Les cours étroites et nues, sans arbres, sans ombre en ce climat brûlant. Cependant, disait-on, ils guérissent plus vite, et en bien plus grand nombre que les malades aisés. Cela s'explique bien par leur vie régulière et sobre. *Ils guérissent*, ce mot me frappait. Il leur donne un vrai droit : l'eau, la source est à eux. La nature les a faites pour ceux qui sauront y guérir.

Ah! disais-je, à la place de ce logis serré, si l'on voyait sur les deux rives descendre un double amphithéâtre, double piscine immense, hospitalière, où viendraient des peuples entiers, ne serait-ce pas un centre pour la fraternité future des nations italiennes? C'est ici que pourrait guérir de sa profonde infirmité, l'esprit d'isolement, de divorce, — le grand malade, l'Italie (1854)!

Les bains sont accessoires, accessoire l'eau froide qu'on boit. Le point, c'est le très-chaud limon où l'on doit être enseveli.

Limon nullement sale. Le fond était de la silice, du caillou brisé, réduit à l'état de poudre impalpable. Un mélange de soufre et de fer lui donnait une teinte noirâtre. Dans un lac resserré où l'on concentre le limon, j'admirai le puissant effort des eaux qui, l'ayant préparé, tamisé dans la montagne, puis l'ayant coagulé, luttant contre leur œuvre même, à travers son opacité, voulant percer, le soulèvent de petits tremblements de terre, le percent de petits jets, des volcans microscopiques. Tel jet n'est que bulles d'air, mais tel autre permanent indique la constante présence d'un filet qui, gêné ailleurs, après mille et mille frottements, finit par vaincre, obtenir ce qui paraît le désir, l'effort de ces petites âmes, charmées de voir le soleil.

J'arrêtai sur cette terre noire, vivante, un sérieux regard. Je lui dis : « Chère Mère commune ! Nous sommes un. Je viens de vous, j'y retourne. Mais dites-moi donc franchement votre secret. Que faites-vous dans vos profondes ténèbres, d'où vous m'envoyez cette âme chaude, puissante, rajeunissante, qui veut me faire vivre encore ? Qu'y faites-vous ? — Ce que tu vois, ce que je fais sous tes yeux. »

Elle parlait distinctement, un peu bas, mais d'une voix douce, sensiblement maternelle.

On exagère ses mystères. Son travail est simple, clair, dans ces lieux, où, pour ainsi dire, elle fonctionne au soleil.

J'étais arrivé le 5 juin, extrêmement faible encore. J'avais eu une défaillance en descendant de voiture. Je dormis douze heures de suite, et me trouvai un peu mieux. Une belle chambre avec terrasse nous ouvrait la perspective limitée, mais agréable, d'un petit bois, coupé d'assez belles charmilles, qui vous reçoit à l'entrée. La végétation était maigre, et tout autour l'odeur de soufre était forte.

Odeur puissante de vie. Dans quelques sources voisines, l'eau rend ivre autant que le vin. Cette ivresse de l'air et des eaux stimule, réveille les sens, bien avant de rendre les forces. On oublie qu'on est malade. Le 9 me revint l'étincelle. Déjà je me crus vivant.

La nuit était une féerie. Cet air de soufre et d'amour enivrait nos lucioles. Plus agiles que celles du Nord, ailées, dans leurs danses ardentes, elles scintillaient sous la sombre obscurité du petit bois. Il n'en semblait que plus noir derrière ces jeux de diamants. Elles variaient à l'infini dans leurs flammes, étincelantes aux rencontres, parfois pâles et défaillantes de désir ou de langueur.

Elle ne sont pas les seules. Dans ce lieu fort sérieux où il y a de vraies souffrances, infiniment douloureuses, dans l'absence des plaisirs bruyants, la nature d'autant plus agit, et avec peu de mystère. D'aveugles lucioles humaines se cherchent un moment, voltigent, puis s'en vont sans souvenir. Notre vie, plus concentrée, nous tenait un peu à part. Nous préférions suivre le soir le rivage de la Bormida, éclairée d'un beau couchant, ou bien remonter la colline par l'ancienne voie romaine. De là on découvre la ville en face sur l'autre rive; on voit les détours du fleuve ; même on découvre de côté le Viso, si élevé, qui couronne le paysage sans lui donner de la grandeur. Au revers de la colline, tout disparaît, on ne voit plus que l'âpre vallée étroite du torrent, le Ravanesco, et, fort à part, le cimetière, des maisons abandonnées.

Un jour, sur cette colline, le beau jour de la Fête-Dieu, nous eûmes la triste rencontre d'un convoi fait sur le tard, à la hâte. On abrége fort pour n'attrister pas les malades, surtout les demimalades dans leurs petits amusements. On enterrait un jeune homme, qui, comme eux, avait oublié pourquoi il était venu. Ce convoi inattendu, dans ce beau moment de l'année, à travers les impressions fort douces d'un été italien, la destinée, la mort, les Alpes, tant de grandes et hautes idées, faisaient rêver; elles disaient qu'aux vains entraînements du monde il est un remède, l'amour. Il est sa mesure, sa barrière. Dans sa tendre inquiétude, il est la sagesse même.

———

Le 19 juin, bien préparé, je fus enfin enseveli, mais à mi-corps seulement. Dans mon cercueil magnifique de marbre blanc, je reçus la première application du noir limon, onctueux, et qui pourtant ne salit guère, n'étant au fond que du sable. Une autre baignoire de marbre, à côté, vous reçoit après, et vous lave en un instant.

Celui qui me mit ce limon, le fangarolo, le signor Tomasini, était un homme intelligent, agréable, adroit. Il était même lettré, avait fait sa philosophie. Nous causâmes. Il dit que l'hiver il gagnait sa vie à la chasse, attrapait des petits oiseaux; il n'y a pas d'autre gibier. Il avait un peu de terre, environ vingt-cinq mille francs. Un de ses fils devait lui succéder. Mais, pour l'autre, il avait l'ambition de le faire notaire. Il ne regrettait pas son sort. Son souci était seulement sa rivalité avec les anciens fangaroli, jusque-là héréditaires. N'y étant que depuis vingt ans, il était jalousé par eux comme un nouveau venu.

Le 20 juin, la terre m'envahit plus haut, jusqu'à l'estomac, me couvrit presque entièrement. Le 21, je disparus. Le visage seul resta libre pour respirer. Je pus m'apercevoir alors du talent de mon ensevelisseur. Il était sculpteur habile dans le genre égyptien. Je me vis (sauf le visage) tout entier fort bien moulé dans ce funèbre vêtement. Je pouvais me croire déjà habitant du sombre royaume.

Déguisement étrange. Rien cependant qui doive étonner fort. Ne serai-je pas ainsi en terre dans quelque temps, dans bien peu d'années sans doute? De cette tombe à l'autre faible est la différence. Notre berceau, la terre, où naquit notre race, n'est-elle pas aussi un berceau pour renaître? Espérons-le. Nous sommes en bonne main.

Je ne sentis d'abord qu'un bien-être indistinct. État voisin du rêve. Après plusieurs épreuves, j'y démêlai des états successifs, qui différaient entre eux.

Au premier quart d'heure, quiétude. La pensée, libre encore, s'examinait. Je revins sur moi-même, mon mal, son origine. Je n'accusai que moi, et ma volonté mal réglée, l'excès de cet effort pour revivre à moi seul la vie du genre humain. Les morts avec qui si longtemps je conversai, m'attirent, me voudraient sur l'autre rivage. Nature me tient encore, me veut sur celui-ci.

Dans le second quart d'heure, sa puissance augmentait. L'idée disparaissait dans mon absorption profonde. La seule idée qui me restait, c'était *Terra mater*. Je la sentais très-bien, caressante et compatissante, réchauffant son enfant blessé. Du dehors? Au dedans aussi. Car, elle pénétrait de ses esprits vivifiants, m'entrait et se mêlait à moi, m'insinuait son âme. L'identification devenait complète entre nous. Je ne me distinguais plus d'elle.

A ce point qu'au dernier quart d'heure, ce qu'elle ne couvrait pas, ce qui me restait libre, le visage, m'était importun. Le corps enseveli était heureux, et c'était moi. Non enterrée, la tête se plaignait, n'était plus moi; du moins, je l'aurais cru. Si fort était le mariage! et plus qu'un mariage, entre moi et la Terre! On aurait dit plutôt *échange de nature*. J'étais Terre, et elle était homme. Elle avait pris pour elle mon infirmité, mon péché. Moi, en devenant Terre, j'en avais pris la vie, la chaleur, la jeunesse.

Années, travaux, douleurs, tout restait dans le fond de mon cercueil de marbre. J'étais renouvelé. Sorti, j'avais sur moi je ne sais quelle lueur onctueuse. Certain élément organique, à part des minéraux, et dont on ignore la nature, donne l'effet d'un contact animé, d'avoir communiqué avec l'âme invisible, et l'heureuse chaleur qui la communique à son tour.

La Nature, oubliée pour le travail farouche qui si aveuglement éludait le bonheur, ne m'en voulait pas trop. D'une infinie douceur, elle m'avait rouvert les bras, et m'attendait. Elle m'avait grandi de vie et de puissance. Puissé-je en être digne (disais-je), y puiser ses torrents, et d'un cœur plus fécond, entrer dans son unité sainte !

L'*Oiseau,* la *Mer,* l'*Insecte,* en vinrent, avec *la Renaissance,* et celui qui les fit, et qui fait tout : l'*Amour.*

X

LA MONTÉE DE LA TERRE — SON ASPIRATION

X

LA MONTÉE DE LA TERRE — SON ASPIRATION

Telle la Terre fut pour moi dans sa bonté d'Acqui, telle je la vis monter en vapeur, en liquide, à travers ce divin limon qui me sauva, — telle je crois qu'elle agit dans les couches nombreuses qui font son énorme épaisseur.

Sa vie, c'est l'*expansion*, qui, des foyers profonds, à travers ses parties solides, travaille, transforme, électrise ses éléments, exaltés par la chaleur, liquéfiés, aérifiés, les amène à la surface pour se vivifier, s'animaliser tout à fait.

Cela ne put se comprendre tant qu'elle semblait inerte, pétrifiée par la Genèse, la tradition Biblique. Mais cela se comprit très-bien quand Lavoisier nous apprit ce que c'est qu'*expansion*, et combien facilement les trois états de la matière (solide, liquide, aérien), s'échangent de l'un à l'autre. Cela se comprit quand Laplace expliqua et calcula son rapport avec le soleil. Qu'il soit son père, son amant, ou tous les deux, il est sûr que c'est lui qu'elle regarde, qu'elle suit de son grand mouvement, et non moins dans tous ses actes de circulation, de fécondation.

Dans les âges ténébreux où les vapeurs l'enveloppaient sous un voile d'atmosphère opaque, elle le sentait déjà, le cherchait du fond de son rêve. Cette obscurité subsiste, dans son énorme épaisseur. Quelle faible partie de la Terre a le bonheur de le voir! Mais ce qui se fit jadis, se fait toujours. Au plus profond, dans le plus noir de l'abime, la même tendance subsiste et le même élan en haut.

La sombre terre des ténèbres a incessamment envie de se faire la terre lumineuse, la terre d'amour qu'*Il* féconde.

Que d'obstacles pour cela! On avait supposé d'abord qu'au dedans tout était liquide, igné, une mer de feu, où du fond à la surface tout eût aisément passé. Hypothèse abandonnée. Il est bien plus vraisemblable qu'à côté des parties ignées (des lacs incandescents peut-être), elle a des roches énormes, des masses dures, lourdes, inertes, de minerais, des métaux, qui sont ses os, la soutiennent, mais qui contrarient fortement son âme expansive et brûlante, qui palpite, se soulève pour monter à la lumière.

Dure condition de la Terre. Ce n'est pas la dame oisive, qui créée une fois, parée, dirait : « C'est bien ; je suis belle. » C'est l'infatigable ouvrière, née pour travailler, lutter. Il n'en est que mieux peut-être. Elle paraît si éprise de la lumière paternelle, que, dans la lutte et les obstacles, l'amour lui ferait oublier peut-être l'amour de soi, perdre l'équilibre intérieur. Elle fuirait hors d'elle-même.

Tous nos petits travaux d'atomes que nous faisons à la surface, sont des contrefaçons mesquines de l'énorme laboratoire qui travaille dans l'épaisseur. Quel spectacle si on pouvait voir les opérations immenses, par lesquels les éléments d'en bas doivent s'élaborer pour faire leur ascension ! On les devine pourtant. Penché sur le limon brûlant, bouillonnant, cette miniature des grands travaux de la Terre, assistant à tous les efforts que la vertu intérieure fait pour sortir et monter, j'imaginai aisément tout ce dont elle est capable pour se rapprocher de celui que toujours elle regrette, et vers qui, par tous ses arts, elle tend éternellement. Les procédés mécaniques, les combinaisons chimiques, filtration, trituration, expansion, éruption, fermentations qui dépassent la portée du minéral, elle fait tout, l'impossible même. Elle réussit à percer. Elle finit par monter. Elle monte augmentée de puissances. Car la vie croît par la vie, l'obstacle et le frottement. Elle arrive enrichie, cette âme, d'électricités inconnues. Quel voyage! que de changements elle a dû subir en route! Si son noyau est plus dense que l'acier (comme dit *Thompson*), si c'est un aimant (*Poisson*), immense est la métamorphose, pour, de cet acier, de ce fer, du granit presque égal au fer, tirer tant de choses ductiles, les mobiliser, briser, liquéfier, vaporiser, et, des vapeurs retombées à l'état de bouillantes eaux, nous amener vers la surface ces puissants élixirs de vie. C'est l'animalité liquide. Seulement les organes manquent. Mais elle se mêle aux nôtres, se fait aisément notre sang. Pourquoi pas? c'est tout naturel; car c'est le sang de notre Mère qui s'ouvre la veine pour nous.

Dans une période assez courte, d'environ un demi-siècle, nous avons pu assister à deux grandes révolutions. « Quelles ? celles de 1815 ? de Juillet ? de Février ? »—Point. Je parle de révolutions plus grandes et plus importantes, de celles qui s'étendaient au globe, à toute la terre.

Ces révolutions du globe ont concordé parfaitement avec les faits politiques qui se passaient en même temps. Elles se sont singulièrement modelées sur le caractère des deux générations d'hommes qui dans ce même demi-siècle se sont succédé.

Ceux qui avaient assisté à l'éruption terrible du volcan révolutionnaire, aux catastrophes des grandes guerres, aux soulèvements nationaux de 1813, à l'immense tremblement de terre où l'Epire fut abîmé, — ceux-là ne virent nulle autre chose dans les origines du globe. Ils observaient avec les yeux, les mêmes yeux qui voyaient ces événements politiques. Le plus grand minéralogiste du siècle, Léopold de Buch n'aperçut dans les montagnes que l'action révolutionnaire du feu central, les soulèvements de la terre en travail. Il trouva ici en France un fanatique admirable, infatigable observateur et calculateur violent, M. Élie de Beaumont, qui dans ces soulèvements mit un esprit de système, qui groupa, disciplina les montagnes soulevées, osa suivre sous la terre, calculer les coulées immenses de granit qu'on trouve en Finlande et qu'on retrouve en Bretagne. Audacieuse tentative, d'incontestable grandeur, que l'état peu avancé de la science ne permettait pas peut-être, mais qui reste comme un but, un haut idéal futur. Oui, la terre, aux couches voisines qui s'étendent sous sa surface, sera tôt ou tard calculée.

Cette révolution hardie des soulèvements se faisait, il ne faut pas l'oublier, non-seulement contre la Bible, le Déluge, etc., mais contre les papes du temps, par Buch contre son maître Werner, par Élie de Beaumont contre son maître Cuvier. Elle n'en fut pas moins acceptée de hautes autorités, des Arago, des Ritter, des Alexandre de Humboldt. Une seule voix osait contredire, celle de Constant Prévost.

Voilà la géologie qu'on faisait sur le continent, sur la terre des révolutions. Mais l'immobile Angleterre qui n'avait pas eu chez elle nos grandes secousses sociales, jugeait le globe autrement. Qu'avait-elle vu dans son sein? Une constitution progressive qui s'est faite peu à peu sans grand changement — un gouvernement d'équilibre qui change infiniment peu — une nouveauté, il est vrai, l'Angleterre industrielle qui assez rapidement, mais sans crise, sans combat, s'est peu à peu élevée. Tout cela s'était fait de soi, comme on voit dans une grande ruche l'industrie laborieuse élever, superposer les gâteaux de cire, de miel. Ou, pour prendre une plus grande comparaison, plus exacte, on voit ainsi dans les mers du Sud les polypiers construire d'un travail paisible les blanches ceintures rosées de leurs îles, les étendre, les élever à la hauteur des mers.

La conquête britannique, tant de courses, d'établissements, de voyages et de séjours même, d'observations prolongées, eurent le plus heureux effet. Ce fut une enquête immense d'observateurs minutieux. Attentifs et d'apparence flegmatique, tâchant de ne voir que la réalité en soi, ils l'ont vue avec des yeux où était imprimée d'avance leur Angleterre, l'idée d'une création industrielle. Au fort de nos soulèvements, à peu près vers 1830, quand Buch, Élie de Beaumont semblaient régner, s'éleva une voix grave, la géologie de Lyell. Livre puissant, ingénieux, où pour la première fois la terre figure comme une ouvrière qui, d'un labeur pacifique, incessant, et sans secousse, se manufacture elle-même.

Lamarck avait, dès 1800, dit que la lente douceur des procédés de la Nature, que l'influence des milieux, surtout l'infini du temps, suffirait à tout expliquer, sans violence, sans coup d'État pour créer ou pour détruire. Qui eût cru que l'Angleterre, pays tellement biblique et longtemps si arriéré, reprendrait la tradition de Lamarck, un peu écartée, oubliée de la France même? Les fruits en furent admirables. Les voyages de Darwin nous montrèrent dans la mer du Sud le silencieux travail de ces polypes innombrables qui nous font la terre future où nous habiterons peut-être. Et l'Allemand Ehrenberg démontrait en même temps que l'énorme exhaussement des Andes et d'autres montagnes, n'est que l'ensevelissement d'un monde microscopique, de coquilles, de silex, de calcaire organisé, qui, doucement, s'est entassé là pendant des millions d'années.

Voilà l'école de la guerre et l'école de la paix. — Celle-ci gagne du terrain. L'esprit de la paix à tout prix, que Cobden a fait prévaloir dans les affaires de son pays, semble animer Lyell, Darwin. Ils suppriment dans la nature le combat, veulent que la terre fasse toutes ses affaires sans secousse, qu'avec des millions de siècles insensiblement elle change et se transforme elle-même.

Ce qui fortifie cette géologie des transformations paisibles, c'est le secours fraternel qu'elle trouve dans les naturalistes, les grands maîtres en métamorphose, notre Geoffroy Saint-Hilaire, Gœthe,

Oken, Owen, Darwin, qui montrent comment l'animal, sous l'influence variée des milieux, et par l'élan instinctif qui lui fait *choisir* ce qui lui est bon, comment, dis-je, l'animal s'est fait et modifié. La nouvelle géologie est une classe en réalité de la grande histoire naturelle, c'est l'étude des mouvements, des changements que fait en lui ce bel animal, la Terre. On l'étudie comme on ferait de l'éléphant, de la baleine. Seulement, grande différence, celui-ci tellement énorme et supérieur en grandeur, est aussi infiniment lent. Il ne change qu'à force de siècles. Qu'a-t-il besoin de se presser? Il semble savoir qu'il a en propriété le temps, toute l'éternité devant lui.

La réaction se fait en faveur de cette école nouvelle, légitimement, je crois, mais non pas sans injustice pour l'école antérieure. Est-il aisé de supprimer ces crises, ces soulèvements, que tous admettaient hier avec Ritter et Humboldt? Nombre de montagnes témoignent de bouleversements violents; c'est l'effet de la première vue. Il faut bien des raisonnements pour en revenir, pour croire à l'action lente et paisible.

Même dans la vie animale la mieux réglée en fonctions, il y a une part pour les crises, parfois des crises morbides, parfois des crises naturelles.

Faut-il croire que l'*animal-Terre* n'ait subi rien d'analogue, qu'il n'ait eu dans sa longue vie nul passage brusque, violent?

———

Mais ce qu'on pourrait croire en toute vraisemblance, c'est qu'à son premier âge, tout fut facile et doux. Ne rencontrant encore aucun obstacle dans l'écorce qui n'existait pas, elle put librement suivre son essor naturel vers la lumière et l'astre aimé. Pourquoi lui supposer les détonations explosives d'un creuset strictement fermé? Cela se voit fort bien dans ses antiques granits (bien antérieurs à l'âge des volcans). Un grand observateur de ces terrains, le norwégien Scheerer dit qu'elle poussait à sa surface sa double vie mêlée, et solide et liquide, les trois bases qui font le granit (silex, mica, feldspath), dans une pâte molle encore qui, se figeant, s'est arrondie.

Là ni scories, ni cendres, ni laves vitrifiées, rien de ce qui, plus tard, fera la terreur des volcans. Plus on remonte haut dans l'infini des âges, moins on voit ces chaos, ces guerres des éléments. Tout est paisible encore. Et l'aînée du monde est la Paix.

Il ne faut pas grand bruit aux coraux de la mer du Sud pour nous faire un monde aujourd'hui. Eh bien, on ne voit pas pourquoi il eût fallu plus de bruit, plus d'éclat, aux premiers mouvements de la Terre vers le ciel, qui firent le monde du granit. Dans une douceur majestueuse montèrent, non pas en jets aigus, mais en dômes arrondis, les premières des montagnes. Les beaux vallons d'Alsace, les mamelons des Vosges ont les plus douces formes qu'offre la création. C'est en porphyre un sein de femme.

Ce sein, non en relief, mais rentrant au contraire dans la forme opposée (et non moins maternelle), se voit dans ces vallées circulaires, ces anneaux qu'ouvrit aux premiers temps la jeune effusion de la Terre. Telle sa vallée de Cachemire, son paradis suave dans l'austérité du granit.

De son naïf élan, elle a offert au ciel le calice de sa fleur profonde.

Brillante aujourd'hui, si parée, peut-elle encore penser à ces temps éloignés où elle existait à demi? Cela se pourrait bien. C'était grande douceur d'avoir si peu d'obstacles, de porter en haut, d'un jet libre, son élan intérieur, de voir (malgré les brumes et les vapeurs sans doute), mais de voir à toute heure celui vers qui gravite tout son être. L'écorce aujourd'hui l'a voilé.

En toute vie individuelle, on sait ce qui se passe. Nous nous entourons de nos œuvres, de nos acquisitions, nous triomphons d'être augmenté ainsi. Mais par moments nous nous apercevons que notre personnalité n'est plus légère. Nous avons disparu sous ce qui fait notre richesse. Nous la trouvons pesante, et parfois nous en gémissons.

La Terre n'éprouverait-elle pas quelque chose de cela? ne se souviendrait-elle pas du temps où elle fut moins chargée de ses œuvres? On croirait qu'elle y songe, que sous la superbe enveloppe qui s'est tant épaissie, elle halète parfois. Et je ne parle pas des convulsions volcaniques, ni même de ces vastes contrées qui paraissent monter (la Suède), baisser (le Groenland). Je parle de certaines vibrations intérieures que l'on a comparées aux marées de l'Océan.

Même aux parties solides n'a-t-elle pas aussi sa marée? Reste-t-elle insensible au passage voisin d'astres amis? N'a-t-elle pas, même en ses ténébres, le sens des mouvements du Soleil, ce père, cet amant adoré. Son élan vers lui, comprimé, semble par moments soulever, gonfler son sein... Regret? Aspiration? toujours vaine, incomplète, impuissante, comme toute chose de ce monde. L'aspiration retombe, comme si elle avait réfléchi, se contenait, mais non pas sans soupir.

XI

SES DEUX GRANDES MONTAGNES APPELÉES CONTINENTS

XI

SES DEUX GRANDES MONTAGNES APPELÉES CONTINENTS

Un ingénieux spectacle, le géorama, charmait M. de Humboldt. Il y restait de longues heures ; c'était une grande pièce sphérique. Le spectateur, placé au centre, voyait de tous côtés la terre, comme du dedans au dehors. Les deux superbes montagnes qu'on appelle les deux continents, leurs belles lignes si imposantes, les sinus arrondis des mers, les ravissantes ceintures d'îles qui la parent des deux côtés et semblent les deux foyers les plus brûlants de la vie, tout charmait ; on ne pouvait en détacher ses regards.

Mais aucune représentation ne donne la réalité. Nulle n'exprime les hauteurs, les profondeurs relatives. Nulle ne peut (les anciennes cartes essayaient en vain de le faire) marquer sur chaque région les manifestations vivantes, infiniment variées, de ses puissances intérieures.

Nos sens, ici, nous trahissent : c'est trop grand ; tout nous échappe. D'un ballon un peu élevé, on ne voit plus guère qu'une grande carte géographique. C'est plutôt par la pensée, l'imagination solitaire, loin de tout objet qui distrait, qu'on peut embrasser ce bel et prodigieux être, infiniment plus compliqué que tout être sorti de son sein.

Beau dans son élan harmonique — expansif et contenu — vers la lumière, l'amour, la vie.

Beau dans son manteau superbe de l'écorce terrestre, comme une énorme Haliotide aux cent couleurs, aux cent reflets.

Si charmant, si amoureux dans la plante, dans la merveille de son immense langage, trois cent mille espèces de fleurs, — si puissant, si énergique de révélation animale, d'innombrables petites planètes, à l'image de la grande, qui errent sur le sein maternel, la parant de grâce infinie et des jeux de la liberté.

Sa beauté de lignes et de formes s'anime et s'embellit encore de sa beauté de mouvement.

Son mouvement concentrique, ses courbes élégantes tracées autour du soleil ; — son mouvement d'elle à elle, par l'ascension incessante de ses forces intérieures, — son mouvement électrique, si sensible à l'équateur, et ses courants magnétiques, si sensibles vers les pôles, — sa circulation liquide dans les courants de la mer, — sa circulation aérienne, si rapide et si légère, qui, par un constant échange des nuages et des vapeurs, harmonise sa vie de surface.

———

En la Terre sont réunies les deux formes les plus belles, — le *cercle*, absolu du beau, — et la grâce, l'*harmonie de dualité* qu'on admire dans les êtres supérieurs. La forme arrondie est heureuse pour la forte unité de l'être, heureuse pour son mouvement. Dans ses parties supérieures (les plus sensibles, sans doute, et les plus organisées), elle est géminée, présente deux moitiés, deux continents, que ses courants généraux, galvaniques et aériens, relient sans cesse et unissent.

Si elle nous eût consultés sur la forme qu'elle avait à prendre, l'aurions-nous bien conseillée ?

Les uns, dans leur idéal d'harmonie trop harmonique, eussent imprimé à sa surface la perfection circulaire, l'uniformité monotone, peu propre à favoriser la variété de la vie. D'autres, moins mathématiciens, plus artistes, auraient voulu que géminée, comme l'homme, elle eût les formes humaines, deux moitiés qui semblent égales. Égalité qui se voit exacte dans nos statues, mais bien moins dans la nature. L'inégalité réelle des deux moitiés est justement ce qui permet l'action. Si les deux côtés étaient tout à fait de même force, chacun tirant également, dans un balancement parfait, l'être resterait immobile. La vie ne prendrait pas l'essor. Rien ne pourrait commencer.

Le trait original, hardi, fort contraire à l'art humain, mais d'un instinct supérieur, est de présenter deux moitiés, non-seulement inégales, mais de forme différente, de différentes directions, d'autant plus propres à répondre à des besoins très-divers. L'une va surtout en latitude d'est en ouest, sur la route du soleil, des grands courants électriques. Ses voies ouvertes en ce sens furent celles du genre humain. L'autre court du nord au sud, touchant presque les deux pôles, les deux points où se sent le plus le magnétisme du globe, et peut-être raccordant ses courants intérieurs.

Utile irrégularité qui, plus qu'aucune chose, a

fait la fécondité de la terre. Ses deux montagnes principales, qu'on appelle continents, dans leur discordance apparente, ont pu varier à l'infini le théâtre de la vie, la susciter, l'abriter, l'élever, dans toutes les expositions, toutes les conditions diverses, de lumière, chaleur, terrain.

Le sentiment que j'aurais en voyant ma mère elle-même, je l'ai en contemplant celle dont l'immense et riche sein, à l'orient, à l'occident, a versé les nations. Qui n'est pénétré de respect, qui ne se sent devant l'objet le plus vénérable ici-bas, en voyant la majesté, la maternité de l'Asie? D'elle est sortie certainement la race qui exprima le mieux l'âme profonde de la terre. D'elle tant d'arts et tant de pensées! La langue même dans laquelle j'écris, les mots dont je me sers ici, ce sont ceux qu'elle trouva, il n'y a guère moins de cent siècles, dans son plus lointain orient.

Je vois la sainte montagne, ou pour mieux dire ces plateaux si hauts qui dominent le monde, où l'homme et la femme ensemble ont trouvé le premier hymne à l'aurore, à la lumière, au foyer, au bon Agni.

Entre les plaines de Chine et l'arrière-plaine tartare, entre les plaines d'Euphrate, les collines de la Perse, commande d'en haut l'Asie. Ayant cent fois plus de plateaux élevés que l'Amérique (*Humboldt*), dans son énorme groupe central, elle regarde sous elle toute la surface du globe.

Cette grande mère de la vie, l'Asie en ses féconds organes, s'ouvre vers le vent austral ; c'est du sud qu'elle conçoit. Mais par quels ménagements, combien changé, transformé, il lui vient ! Son souffle si redoutable, son long flot si menaçant, barré par la Nouvelle-Hollande, barré par d'innombrables îles, forcé de tournoyer autour, de circuler à travers leurs anneaux et leurs détroits, arrive bien plus humain et tiède de riches vapeurs.

Lorsque j'avais le bonheur, en 1863, de lire le poëme béni, le divin Ramayana, je voyais dans ses tableaux (infiniment plus fidèles que tous ceux des voyageurs) combien l'Asie est variée, que d'Afriques et que d'Europes elle contient dans son sein. En montant d'étage en étage ses admirables ceintures, on trouve tous les climats. C'est le soleil des tropiques ; mais dans la grande hauteur, on respire, on reçoit les brises. De l'été on monte au printemps. L'Himalaya, ce géant, deux fois plus haut que les Alpes, sur ses étages moyens, a nos vergers et nos fruits. Il a de fraîches forêts, et près de ses pics sublimes, sa clémence accepte encore, tolère la Flore qui, chez nous, expire 10,000 pieds plus bas.

Que de jours charmants j'ai passés au pied de la sainte montagne, entre Rama et Sita, devant les neiges étincelantes, entre les gracieuses cascades et les forêts chargées de fleurs[1]! Là, des quatre saisons de l'Inde, l'une des plus belles est l'hiver, délicatement sévère, parfois même givré le matin d'imperceptibles cristaux ; mais le soleil, mais le printemps, mais le regard de Sita, raniment la féconde chaleur.

L'été est la sombre saison. La terre, un moment, est en pleurs. Elle s'accorde tout entière au veuvage de Rama. Les déluges et les torrents dans toute la chaîne des Gattes s'harmonisent à sa douleur. Pleurs féconds, qui s'en vont pourtant désal-

---

[1] Rien de plus délicieux que les vers du grand poëme (V. ma *Bible*, § v) : « Depuis que j'ai vu les merveilles de cette magnifique montagne, le saint mont Tchitra-Koûta, je n'ai souci de mon exil, de cette vie solitaire. Que je coule ici ma vie avec toi, ma chère Sita, avec mon frère Lachsmana, je n'en ai aucun chagrin... Vois-tu ces crêtes sublimes qui montent au ciel étincelantes. Les unes en masses d'argent, telles ou de pourpre ou d'opale, d'autres d'un vert d'émeraude. On dirait de celle-là un diamant plein de soleil, » etc. — Description fort analogue à celle d'Hodgson, dans son ascension aux sources du Gange. Il avoue la stupeur qu'il eut en voyant de près, face à face, ces montagnes de diamants. (*Asiatic Researches.*)

térer la plaine en feu, qui lui rendront bientôt sa joie, lui ramèneront sa Sita et tout son charme de jeunesse[1].

———

L'Océan, maître de la Terre, qui la serre de tant de côtés et la berce de ses flots, lui serait trop redoutable, si ses grands courants d'est-ouest pouvaient accumuler leurs vagues, de l'Europe jusqu'à l'Inde, sans rencontrer de barrière, battait ou l'Inde ou l'Europe du poids terrible de deux mers, frappait avec l'Atlantique et le Pacifique à la fois. La Terre, entre, a résisté; elle a coupé l'Océan, soulevant du nord au midi, comme un long serpent onduleux, l'Amérique, sa crête sublime, parée de volcans et de neiges, avec leurs grands déversoirs,

---

[1] Rien ne m'a plus contristé que de lire tout récemment que « l'Inde, aujourd'hui, semble vieille. » Oh! quelle accusation pour l'homme, et quel grief contre ses maîtres! Qu'a-t-on fait des œuvres admirables qui, pendant si longtemps maintinrent la salubrité de ses plaines et l'économie de ses eaux?... Quoi qu'il en soit, espérons. C'est le pays des renaissances, le premier berceau de la vie; l'Inde en a toujours le secret. Si l'Italie est sortie du tombeau, pourquoi pas l'Inde? Le deuil de Rama finira. Sita lui reviendra plus belle, affranchie de Ravana.

les savanes et les campos. L'Océan en deux bassins, contenu, discipliné, des deux côtés bat et gronde sous le dominant regard de ce superbe dragon, enflammé, qui dompte les mers.

Entre ses deux fortes moitiés, l'être énorme, (c'est là sa grâce) est articulé par un fil, un simple fil, Panama, comme celui qui réunit les moitiés de la guêpe, et donne à ce puissant insecte une fine originalité de délicatesse extrême.

A ce fil tient de bien près le ravissant ornement du dragon, un cercle d'îles, scintillant de brûlante vie.

Sa vie, sa respiration, il l'exhale incessamment, vers l'ouest, en ce torrent d'eau bouillante et d'azur sombre qui jaillit sous les Antilles, vers l'est dans ces pics si fiers qui fument éternellement.

La haute affaire de l'Amérique est de régler les feux, les eaux. De ses volcans, elle allège, elle soulage les sourds étouffements de la terre, prévient ses convulsions. Du dos neigeux de ses Andes, elle arrête, elle soutient tout un océan suspendu. Des masses épouvantables d'eau (la vapeur du Pacifique), montent à une si grande hauteur au-dessus du Pérou, qu'il n'en a pas eu une goutte en quatre-vingt-huit ans, dit-on (*Ulloa*). Mais elles ont beau monter : elles rencontrent les dominantes, les souveraines Cordilières, qui défendent de passer. Elles payent un énorme péage, ne peuvent aller vers l'est qu'en alimentant d'abord les 1,800 lieues de neige, qui, sur une largeur de 20, prolongent leur barrière infinie. Ces neiges en ont assez et trop. Elles en donnent à la plaine en fleuves, qui ne sont pas des fleuves, mais plutôt des mers d'eaux douces, des Maragnon, des Orénoque, leurs vastes inondations.

Mais ce qui passe de vapeurs est prodigieux encore. On le voit au pavillon noir qu'elle tendent sur l'Atlantique, on le voit à la zone sombre des pluies de trois cents jours par an, dont elles écrasent l'Afrique, l'énervant sous l'équateur, la rendant inhabitable, effrayante pour toute vie (voyez Chaillu et les voyages récents aux sources du Nil).

L'hémisphère américain a deux admirables rôles.

C'est un grand médiateur. — Il a un œil sur l'Europe, l'autre sur la Chine et l'Inde.

C'est un grand communicateur ouvert et hospitalier.

L'Afrique équatoriale est si horriblement touffue, qu'on ne peut la traverser. L'Europe est déchiquetée, vous arrête à chaque pas. En Asie, tout est difficile; les steppes même, dit Humboldt, sont enchevêtrés de montagnes. — Tout est facile en Amérique. Le plus faible, sans obstacle, s'y promène d'un pôle à l'autre. Le colibri, quand il n'a plus de mouches au Canada, va au Pérou, au Chili. La mer même est hospitalière. Les armées microscopiques des atomes à coquilles (qu'on appelle foraminifères), chaque année, du monde austral vont au monde boréal des deux côtés de l'Amérique, portés dans les eaux maternelles par des courants réguliers du cap Horn jusqu'aux Florides, au delà, et font comme en songe un voyage de 6,000 lieues.

L'Asie semble un absolu, parfait et complet en soi; elle paraît un suffisant monde. L'Amérique est un relatif; elle aspire, elle a besoin du globe, et tend hors de soi. — Infériorité? au contraire. C'est ce qui la met plus haut que chaque monde isolé, et la fait vraiment *humaine.*

Sa moitié Nord, sortie de nous, toujours regarde vers nous, semble attendre de nous l'aurore. Malgré ses jeunes fiertés, l'Amérique brûle pour l'Europe, sa mère en civilisation, d'où elle reçut le souffle, tout le passé du genre humain. Elle regarde vers cette mère, comme la terre vers le soleil. On a vu ses fêtes touchantes, son ivresse, quand la télégraphie, rapprochant les deux rivages, lui promit le dialogue, la réplique par minute, entre New-York et Londres. Son espoir, en ce moment, c'est qu'un pont naturel se fait; le rivage américain, soulevé sur certains points, tend à abréger la mer (*Stevens*, 1867); les deux mondes ne seraient plus qu'à quatre jours l'un de l'autre.

XII

MONTAGNES DE GLACE — LE POLE

XII

MONTAGNES DE GLACE — LE POLE

Nous l'avons dit, les Cordilières, les Alpes, dans leurs sommets qui glacent et fixent les vapeurs, sont des pôles intermédiaires. Et le Pôle à son tour fait penser aux Andes et aux Alpes. Les ressemblances ont été observées. Marquons aussi les différences sur lesquelles on insiste moins.

Celui qui gravit la montagne, monte vers la lumière. Quand, à 5 ou 6,000 pieds, il est sorti de la zone incertaine, de l'océan mobile des brumes et des vapeurs, il voit sur cette houle, dans la lumière sereine, émerger les pics et glaciers.

Celui qui navigue au contraire vers le Pôle, s'en va vers la nuit, monde obscur et étrange, où ce qui reste encore de lumière a l'effet de fantasmagorie douteuse.

C'est la nuit, non la mort. La vivante âme de la terre y apparaît assez, dans ses puissants soulèvements, dans ces pics qui percent les glaces, dans ces flammes qui flambent aux deux bouts ténébreux du globe. Érèbe au sud, Jan Mayen au nord, deux phares imposants, solennels.

———

Là dans une épaisseur énorme, inconnue à nos Alpes, glace sur glace, hiver sur hiver, s'est monstrueusement entassé! Elle a doublé, triplé ses dures murailles de cristal, conquis la mer même, lui a imposé le repos. Émue et des courants du nord et des derniers échos des orages du sud, elle s'apaise et prend d'abord comme une apparence huileuse, se fige, et enfin est saisie.

Les glaciers n'eurent pas là les tourments des glaciers des Alpes, leurs accidents divers. Ceux des vallées en pente, cheminant sans efforts, ont atteint, envahi leur voisin l'Océan. Ceux qui ont rencontré l'abîme de quelque excavation, descendant sur eux-mêmes, ont créé au rivage des cathédrales à eux, piliers, arcades et voûtes, ogives, arcs-boutants, toute une architecture, parfois bâtie en l'air, parfois sur la mer même, qui, grondant en dessous, subit leur morne fixité.

Le froid est l'architecte. Mais quels matériaux ? La nuée. Nos Alpes n'en reçoivent que ce que le vent leur apporte. Mais qu'est-ce auprès du Pôle ! auprès du monde énorme de brumes qu'y élève la mer ! Chaude encore, sous ces pics glacés, elle fume en vapeurs qui d'abord traînent et pèsent, mais qu'appelle et élève l'air raréfié d'en haut. La mer incessamment sert, enrichit ainsi son ennemi, l'hiver qui l'emprisonne. La neige tombe, tombe, comme affolée. Avec le froid piquant, les flocons sont aiguilles, de fines aiguilles de glace. Des prismes transparents, des miroirs se produisent pour réfracter les jeux bizarres de l'aurore boréale.

Ce monde fantastique et terrible semble porter le joug fatal, invariable, d'une seule loi, la cristallisation. Loi dure des formes rectilignes, des angles et des pointes, qui menacent, proscrivent les formes adoucies de la vie. La puissance animale résiste à la rigueur. Des amphibies, des phoques, cuirassés de leurs graisse, l'oiseau, ce foyer de chaleur, le plus brûlant de la nature, subsistent dans les glaces. Mais la plante, si vulnérable, aura-t-elle, parmi ces terreurs, un abri, une petite place un jour, un moment de clémence? Osera-t-elle s'y hasarder? On ne le croyaitpas. Longtemps, près du rocher qui reflète une pâle lumière, on marchait sur des mousses sans démêler des miniatures de plantes qui s'y tenaient cachées, imperceptibles, naines. Il a fallu deux siècles pour découvrir leur existence.

Les voyageurs au Pôle Nord ont parfois comparé ces pauvres créatures aux fleurs des hautes Alpes. Que de choses pourtant différentes entre ces régions et faites pour modifier les conditions de la vie! La latitude du Spitzberg peut correspondre à l'altitude des montagnes: Mais y a-t-il entre les climats d'autres ressemblances?

Plus on monte dans les Alpes, plus l'air est sec et léger. Aux pôles, l'atmosphère est pesante des vapeurs qui la saturent. A travers cette épaisseur, la lumière peut-elle agir comme à travers un air subtil qui laisse passer le soleil, en transmet toutes les puissances, et caloriques et chimiques? Dans les montagnes, l'air ne retient rien, la terre s'approprie la lumière, la chaleur. Au Spitzberg, le granit reste morne et glacé.

L'hiver, tout est égal peut-être. Mais au printemps, quand les plantes de nos Alpes percent la neige, elles trouvent pour les aider un soleil laborieux, qui se lève tôt, s'en va tard, monte haut, plonge au fond des vallées. Véritable éveilleur du monde, bon, vrai soleil joyeux. Est-ce bien le même que je vois là-bas tant de jours, tant de nuits, pâle à travers la brume, qui monte à l'horizon si péniblement, disparaît?

Le 21 avril, il fait effort, ne se couche plus, commence un jour de quatre mois. Mais qu'il est faible et bas! La terre, qui n'en reçoit qu'un oblique rayon, en sent peu la chaleur. Son sauveur est l'oiseau, cette puissante créature, qui, de l'excès de sa vie, avive et chauffe le sol. La petite âme de la plante le bénit de ne pas mourir encore.

Si la plante a un rêve, un vœu, c'est d'être mère. Que ne fera-t-elle pour l'être? Mais celle qui à peine tire d'un sol indigent sa petite vie, comment atteindra-t-elle ce haut luxe de l'existence, ce grand moment d'amour et de génération? Pour l'avoir, on la voit s'amoindrir elle-même, se faire une miniature de plante. Elle réduit tous ses organes, en maintenant partout l'équilibre dans la petitesse. Elle se réduirait à l'atome plutôt, pour atteindre son but, annulerait le corps, ne serait plus qu'esprit. A ce prix, elle arrive à ce qu'elle a voulu : avoir la vie complète, aimer, perpétuer son âme.

Quatre mois de lumière, un jour interminable sans repos, sans sommeil, c'est la vie du Spitzberg. Doit-elle être enviée des Alpes? Ne plus dormir, quelle dure loi pour les animaux, pour les plantes! On sait le sort du coq de lord Dufferin, emmené dans les mers Arctiques. Quand les jours s'allongèrent, mélancolique et inquiet, craignant de manquer son devoir de chanter l'heure au point du jour, il parut égaré, troublé, fit entendre parfois une voix insolite. Enfin, la nuit cessant, il fut pris de délire, rêva à demi-voix, et s'envola par dessus le bord, se noya.

Ce jour de quatre mois (fort nécessaire sans doute, puisque sans lui l'hiver envahirait le monde et le reprendrait dans ses glaces), n'en est pas moins pénible aux êtres qu'il condamne à l'insomnie. La fleur qui ne dort pas, languit et s'étiôle.

Voyez au contraire dans les Alpes, le bonheur qu'a la gentiane, après sa journée faite, à fermer son étoile, pour la rouvrir demain rafraîchie, rajeunie. La triste fleur du pôle est déplorablement condamnée au travail de toujours se sentir, de toujours se voir vivre, sans trêve, sans oubli ni repos.

Monde sombre, qui au premier coup d'œil semble déshérité, vide, un royaume de la mort. Mais la vie générale y triomphe au contraire. Les deux âmes du globe, magnétique, électrique, chaque nuit font leur fête dans le désert du Pôle. Leur aurore boréale est sa consolation sublime.

Les courants aériens, les courants de la mer, en sont le véhicule. Les deux torrents d'eaux chaudes, qui, de Java, Cuba, s'en vont au nord se faire refroidir et glacer, qui, revivant ensuite, retournent incessamment au cœur qui les lança, aident à la correspondance magnétique, électrique, de l'équateur au pôle. Leurs orages sont solidaires. L'été, quand la fonte polaire, quand les courants du nord nous viennent, rafraîchissent la terre, l'élément magnétique semble aller au-devant de l'électricité centrale. De là ces violents orages, surtout près de ce centre, ces éclats du tonnerre, effrayants à nos sens troublés.

Tout au contraire au Pôle, la foudre ne s'entend presque jamais. Dans cette nuit profonde d'hiver, tout semble assoupi. Et quel ciel cependant contient plus d'orages! Presque chaque soir vers dix heures, il éclate dans sa puissance. La terre, les neiges, les glaciers, en sont subitement illuminés. Leurs arêtes vives, l'atmosphère remplie de particules glacées, en brisent, en renvoient les rayons palpitants.

Ce fait mystérieux ne fut observé de très-près qu'en 1838. M. Bravais d'une part, et sur un autre point ses collaborateurs, le suivirent, le notèrent de minute en minute, pour comparer ensuite, contrôler leurs observations. Sous ce ciel si sévère, ils persévérèrent treize nuits (9-22 janvier).

D'abord un rideau sombre s'élève, des brumes violettes, mais assez transparentes pour voir les étoiles à travers. Plus haut, une lueur d'incendie. Lueur? Bientôt lumière. Un grand arc lumineux apparaît les deux pieds posés sur le sombre horizon.

L'arc s'élève lentement, toujours plus lumineux. Des observations et calculs de Bravais il résulterait qu'il monte aux limites extrêmes de l'atmosphère, plus de 25 lieues de hauteur, et peut-être à 50 lieues (V. Notice d'Élie de Beaumont). Hauteur prodigieuse, celle de la région où l'étoile filante, le bolide, deviennent lumineux et incandescents. Certes, rien de si grand ne se voit en ce monde.

Rien de plus solennel. La terre entière assiste, on peut le dire ; elle est spectateur et acteur. La veille, ou plusieurs heures d'avance, sa préoccupation est partout constatée par l'aiguille aimantée. Dans tout l'hémisphère boréal, l'aiguille est émue, agitée, et même de l'un à l'autre pôle. Lorsque le phénomène se passe au pôle austral, jusqu'au nôtre, on est averti.

Mais voilà que dans l'arc majestueux d'un jaune pâle, dans sa paisible ascension, éclate comme une effervescence. Il se double, se triple, on en voit souvent jusqu'à neuf. Ils ondulent. Un flux et reflux de lumière les promène comme une draperie d'or qui va, vient, se plie, se replie.

Est-ce tout? Le spectacle s'anime. De longues

colonnes lumineuses, des jets, des rayons sont dardés, impétueux, rapides, changeant du jaune au pourpre, du rouge à l'émeraude.

Ils jouent? ou se combattent? Les premiers qui les virent, nos vieux navigateurs, croyaient y voir un bal. Pour un œil pénétrant, un cœur plus attentif aux émotions de la nature, c'est tout un drame. On n'y peut méconnaître le frémissement d'âmes captives, leurs profondes palpitations. Puis des alternatives, des appels, des répliques violentes, des oui, des non, des défis, des combats. Des victoires et des défaillances. Parfois des attendrissements, comme ceux de la fille des mers, qui flamboie la nuit, la Méduse, quand tour à tour sa lampe rougit, languit, pâlit.

Un témoin tout ému paraît prendre à ce drame une vive part, l'aiguille aimantée. Par ses agitations elle correspond visiblement et s'intéresse à tout, en exprime les phases, les crises, les péripéties. Elle paraît troublée, effarée, *affolée* (c'est le mot qu'emploient les marins).

Mais personne n'est calme à voir cela. Un si prodigieux mouvement sans aucun bruit, cela paraît moins nature que magie. Dans les lugubres lieux d'où l'on voit le spectacle, il n'est pas égayant, mais d'un effet funèbre.

Quelle en sera l'issue? La terre est inquiète. Qui

vaincra, qui l'emportera de ces lumières vivantes? Les deux pôles se le sont demandé.

Il est onze heures du soir. Voici le grand moment. Le combat s'harmonise. Les lumières ont lutté assez. Elles s'entendent, se pacifient et s'aiment. Elles montent ensemble dans la gloire. Elles se transfigurent en sublime éventail, en coupole de feu, sont comme la couronne d'un divin hyménée.

A l'âme terrestre, magnétique, reine du Nord, l'autre s'est mêlée, l'électrique, la vie de l'Équateur. Elles s'embrassent, et c'est la même âme.

XIII

MONTAGNE DE FEU — JAVA

XIII

MONTAGNE DE FEU — JAVA

La Terre a-t-elle un cœur? un tout-puissant organe, où ses énergies se révèlent, où elle aspire, respire, palpite de ses transformations? Si cet organe existe, on doit moins le chercher aux foyers ténébreux de son noyau central, où elle est comprimée de sa masse elle-même. Il doit être plutôt là où son effort intérieur arrive enfin à la surface, à la libre expansion, là où son âme de désir rencontre la grande âme d'amour et de fécondation. Admirable mystère! mais point du tout caché. La terre, par ses deux faces, dans ses deux océans, librement le met au grand jour, au plus brillant soleil, et sur la mer étincelante, dans l'illumination sublime du grand cercle de ses volcans.

Ce souverain organe de vie, d'amour, d'aspiration, se manifeste, d'un côté, dans la mer des Indes, au brûlant cercle d'îles, où domine Java ; — de l'autre, dans la bouillante cuve d'Haïti, de Cuba.

C'est un cœur en deux lobes. L'écartement n'est qu'apparent. Ils ont leur unité dans le grand courant galvanique de la Ligne qui relie la Terre. Pour l'électricité, qu'est l'espace ou le temps?

Leur grand signe commun, c'est la superbe artère dont chacun est pourvu, le grand torrent d'eaux chaudes qui jaillissent vivantes de ce double foyer. Le jet est si roide et si fort, qu'il court longtemps à part, azuré dans la verte mer, formant un dos sur elle. A 1,000, 1,500 lieues, on en sent la chaleur.

L'unique différence entre ces deux foyers, c'est qu'au foyer Indien la force volcanique a son activité. En celui des Antilles, beaucoup de volcans sont éteints. Haïti tient les siens comprimés qui mugissent. Les soupiraux voisins du continent peut-être les suppléent, ou le grand fleuve d'eaux chaudes. Ces eaux, dans bien des lieux, font chômer les volcans.

Ritter a fort bien dit que les îles et presqu'îles ont fait beaucoup pour les progrès du globe, en ont été d'heureux organes. C'est un spectacle curieux de voir l'Amérique et l'Afrique, les trois péninsules d'Asie, les trois d'Europe, comme autant de pointes électriques, toutes dirigées vers le sud, appeler, pour ainsi dire, l'électricité qu'apporte le flot. La Terre, de toutes ces pointes, aspire à l'Océan, qui, n'aspirant pas moins vers elle, vient la caresser, la mouler, prêter à ses rivages la grâce de la vague onduleuse. Il la tiédit de chauds courants salés. Puis, au contraire, soulevé, transformé en vapeurs, en eaux douces, il la domine, il la pénètre, la rafraîchit, la rajeunit.

Les îles, évidemment, sont ses petites terres favorites. Il les entoure, les enveloppe; il veille à leur sûreté. De sa lame électrique il y éveille incessamment la vie, on dirait qu'il l'aiguise. Les plus hautes puissances de l'homme, l'esprit dans sa vivacité la plus ingénieuse, a éclaté aux îles et presqu'îles de l'Inde, de la Grèce et de l'Italie. Les pointes opposées, les détroits, anses, golfes, baies, les Méditerranées, où l'Océan demi-captif se débat dans une douce lutte, et, par ses frottements, exalte les puissances vitales, ont été de féconds berceaux.

Lieux ordinairement volcaniques. Les îles grecques n'étaient que volcans, ainsi que les Antilles, les îles de l'Océan indien. Ceux qui veulent que les volcans ne soient qu'un accident, un hasard de surface, alimenté par l'eau de mer, ne nous expliquent pas pourquoi ils sont liés si bien entre eux, et se répondent. L'hypothèse antérieure qu'avait trouvée d'abord le bon sens du genre humain, est bien plus vraisemblable. Elle explique bien mieux la régularité visiblement systématique de leur position sur la terre.

L'antiquité les crut les bouches nécessaires, naturelles, du monde inférieur. Quand on voit sur l'insecte des stigmates, ou des ouvertures latérales aux coquilles de l'Haliotide, on dit : « C'est par là qu'ils respirent ; qu'on les ferme, ils étoufferont. » Et la Terre étouffe, en effet, quand ses volcans fonctionnent mal. Elle éprouve les convulsions qu'on appelle tremblements de terre. Leurs longues vibrations n'indiquent point du tout ce que quelqu'un prétend, qu'ils viennent de chutes de rochers, de simple effondrement. On y ressent très-bien la circulation violente de l'haleine intérieure qui ne peut s'échapper, la distension de la vapeur comprimée qui veut une issue.

La submersion de l'Atlantide n'est nullement invraisemblable (Humboldt). Les tremblements pouvaient être terribles, aux temps intermédiaires où l'écorce durcie ne se prêta plus au passage, à l'ascension ordinaire des éléments plutoniens, où la brillante terre d'en haut refusa l'expansion à la terre ténébreuse, à sa sœur jalouse d'en bas. De vastes catastrophes purent arriver alors, jusqu'à ce que le globe, complétant ses organes, se créa des voies de respiration, de dégagement, les volcans. Comment cet être planétaire d'où nous dérivons tous, n'eût-il pas eu un appareil de vie, si nécessaire, qu'on voit chez les moindres de nous?

Dans la respiration, cette première fonction vitale, et la plus nécessaire, la Terre a déployé une régularité qu'on voit bien moins dans tout le reste. Elle est marquée presque au compas dans la disposition des mille volcans que Ritter appelle le *Cercle de feu*. Cette terrible illumination qui fait l'effroi du monde, en fait aussi la sûreté. Les gardiens de l'Asie, de la Polynésie, regardent ceux des Andes. L'Océanie, criblée d'innombrables volcans éteints, en a deux cents en action. La ceinture tourne au nord, par le Japon, le Kamtchatka, les feux polaires et l'extrême Amérique, puis au midi, au Mexique, au Pérou.

Chacun de ces imposants personnages a sa physionomie à lui. Ceux de la Chine, glaciers percés de feux, ne rappellent en rien le mexicain Jorullo entouré de sa progéniture brûlante, grand volcan qui fait des volcans. Encore moins le monstre volcan de Quito et sa croupe de 700 lieues carrées.

Il ne faut nullement s'en exagérer les terreurs. Ces géants enflammés, dans leurs bras, sur leur sein, à des hauteurs énormes, portent et bercent de grandes villes qu'on dirait des nids de condor, nobles habitations de l'homme, qu'une certaine tiédeur du sol rend agréables et douces si près des neiges et dans les vents de mer. Quito, la plus haute ville du globe, paisiblement occupe le sol, travaillé, tourmenté par les volcans, les tremblements de terre, jette sur leur abîme ses ponts, et sans y prendre garde sous ses pieds les entend gémir.

Si le regard pouvait embrasser cet ensemble, porter du Pacifique à l'Inde, à l'Amérique, cette grande assemblée de volcans paraîtrait sans nul doute imposante, terrible. C'est pourtant au milieu que la Terre fait sa fête, la grande noce de la Nature.

Dans un ravissant collier d'îles, sur la mer embaumée de trop puissants parfums, l'amour, la mort, ont leur combat brûlant. Java y fume au ciel de ses cimes embrasées, la mortelle, la féconde, la divine Java.

Elle est dotée de feux. Si petite, elle en a autant que l'Amérique entière et plus terribles que l'Etna (*Rafles*). Ajoutez son volcan liquide, sa veine d'azur sombre (le Japon l'appelle *Fleuve noir*), qui court au pôle nord, chauffant les mers, salé, plus salé que le sang de l'homme.

Mer chaude, soleil torride, volcan de feu, volcan de vie. Pas un jour sans orage sur les *Montagnes bleues*, et des éclairs terribles que la vue ne peut soutenir. Par torrents, des pluies électriques qui enivrent la terre, font délirer la plante. Les forêts, elles aussi, fumant de leurs vapeurs sous le soleil, semblent des volcans à mi-côte.

Elles sont souvent inaccessibles aux plus abrupts lieux, et parfois si serrées, si sombres, qu'il y faut des torches à midi (*A Tour in Java, Asiatic Journal*). La nature, sans témoin, fait là tout à son aise des orgies de végétation, des colosses (dit Blume) et des monstres de fleuve.

Des rizanthées sans tige s'emparent du pied d'un

arbre, s'y gorgent de sève et de vie. L'une a, dit-on, 6 pieds de tour. Leur éclat, dans la nuit de la forêt, étonne, effrayerait presque. Ces filles des ténèbres ne doivent nullement à la lumière leurs éblouissantes couleurs. Posées si bas dans la tiède vapeur et grasses des souffles de la Terre, elles semblent ses luxurieux rêves, bizarres fantaisies de désir.

La conquête en est chère. Beaucoup, sans hésiter, l'ont payée de leur vie. On ne peut qu'être ému en lisant, au début de la *Flora Javæ*, le lugubre récit que fait le botaniste Blume de tous ceux qui le précédèrent et qui n'en revinrent pas. Désolante odyssée. Le narrateur lui-même, que leur destin ne put décourager, se trouva un moment à Nusa, une petite île, merveilleuse en fleurs, en poisons, dans un état désespéré. Tout était mort autour de lui, ses plus chers serviteurs, et il s'était abandonné lui-même. Les Javanais y vinrent et le tirèrent de là. Il avait vu la mort, mais ne regrettait rien, ayant conquis ce miracle de fleurs. « Malade et en danger, dit-il, j'écris vite et j'imprime; car peut-être je mourrai demain. »

Java est à deux faces. Au midi, c'est l'Océanie déjà, un souffle pur, et les rochers vivants des polypes, des madrépores. Au nord, c'est encore l'Inde en ce qu'elle a de plus malsain ; une noire terre d'alluvion y fermente du mortel travail de la nature sur elle-même, composition et décomposition. Il a fallu abandonner la riche ville de Bantam. Ce n'est plus que ruines. La superbe Batavia est un triomphant cimetière. En trente années de l'autre siècle (1730-1752), elle a mangé un million d'hommes, soixante mille en une année (1750). Moins terrible aujourd'hui, elle est un peu purifiée.

Des animaux de l'ancien monde oubliés là, ce semble, ont un aspect funèbre. Le soir, des chauves-souris, énormes et velues qu'on ne voit pas ailleurs. Le jour, à midi même, ne craint pas de paraître ce revenant des époques lointaines où le serpent avait des ailes, l'étrange Dragon-volant. Nombre d'animaux noirs, accordent leur couleur avec le noir basalte qui porte les montagnes. Noir est le tigre aussi, ce destructeur terrible qui, en 1830 encore, mangeait par année trois cents hommes.

Sur ces terreurs d'en bas plane et triomphe la sublime terreur des volcans. Ils ont l'air d'être des personnes. Les anciens habitants voulaient les apaiser. On leur faisait des temples. (On en voit quatre cents en ruine sur un seul rocher.) Ils avaient des autels, ils avaient des statues. La peur avait fait l'art. Les sculptures qui subsistent témoignent de l'effroi des Malais, de leur adresse aussi et de leur ingénieuse main.

Ces géants de feu diffèrent tous. Ils ont des noms à part. Tels sont des dieux indiens, des héros du Ramayana. Tels ont des noms bizarres, effrayants (des dieux du pays?) Le Gununy Tengger, est béant d'un monstrueux cratère, large de 20,000 pieds, d'où jaillissent, fument, quatre Etnas, au fonds d'un précipice affreux de 2,200 pieds. Un autre se fait jour dans un désert étrange, incrusté par les sources, il en perce les durs cristaux. Tel s'épanche périodiquement, comme un animal bien réglé. Tel bouillonne en eaux sulfureuses qui même refroidies dans de petits étangs ont toujours la fièvre et frissonnent. L'un verse un lac de lait, de blancheur fantasmagorique. —Ailleurs, c'est toute une contrée, criblée de grosses sources salées, dont la plus grosse joue et danse, en grondant, tonnant, dessous. Elle joue à la balle avec des pelotes de terre énormes, des boules de 20 pieds, qui crèvent, éclatent, lancent la terre de tous côtés. —L'Arjouna, le Rao, roulent avec la fumée des flots âcres, bouillants. L'Idjen, un beau matin, s'éveillant, verse une rivière.

Voilà de leurs caprices, et chacun a le sien. Mais en dessous, ils sont moins à part qu'il ne semble. Parfois quand l'un s'allume, un autre aussi prend feu, et non pas le plus proche, mais à grande distance. Qu'un tremblement de terre ait lieu ici, souvent là-bas un volcan éloigné s'éteint comme ferait une bougie que l'on a soufflée.

Une de leurs singularités les plus originales, c'est que tous ils sont cannelés. Assis sur les basaltes antiques qui semblent la base de l'île, ils aiment la forme basaltique. Leurs rayons, leurs profonds sillons, imitent grossièrement la noble architecture de ces noirs aînés de la terre, les colonnades de Staffa, de Fingal. On prétend expliquer cela par un accident variable, l'eau qui creuserait des sillons. Mais elle n'arriverait pas à une telle régularité. Elle n'irradierait point leurs cônes de cette forme étrange qui semble le rayonnement des baleines d'un parapluie. Singulier uniforme qui fait d'autant saillir et marquer leurs diversités. Tous frères, tous pourtant différents, d'air bizarre, fantasque et terrible.

Ces furieux qui grondent, tonnent toujours, au fond se sont un peu humanisés. Depuis leur dernière crise (1772), ils ne font pas grand mal. On ne leur voit plus ces accès, où ils semblaient vouloir lancer la montagne elle-même, couvraient 100 lieues de mer de ténèbres et de cendres. Leurs exploits d'aujourd'hui sont plutôt de verser des eaux salées et des flots de limon. Ils font trembler le sol, secouent l'île. On s'y habitue. Leurs éclairs, leurs orages, ne font point d'ouragans. Dans ce continuel mouvement, Java, quoique sous l'équateur, n'a pas la lourde zone noire qui attriste l'Afrique et l'accable de pluies éternelles. Elle n'a pas non plus les ravages des torrents des Gatthes. Ses pluies, mieux ménagées, mais riches de vapeurs volcaniques, en font, sous le coup des orages, le sel fécond, joie de la terre. Elle boit le volcan, boit l'orage, est ivre de vie. (Bunsen, *Gaz des volcans.*)

La double chaîne qui fait comme l'épine du dos de Java, offre des vallées intérieures, concentrées, abritées. Ses nombreuses vallées latérales, en sens inverse, varient l'exposition. La diversité des terrains fait celle de la végétation. En bas, un sol madréporique, naguère vivant. Plus haut, la base granitique, et les fécondes ruines, les chauds décombres des volcans. Le tout dans une vaste échelle qui, de la mer aux monts, offre six climats différents, depuis la flore marine et la flore de marais jusqu'à la flore des Alpes. Superbe amphithéâtre, riche et plein à chaque degré, portant les plantes dominantes et les plantes de transition qui conduisent d'un degré à l'autre, si bien que, sans lacune, sans brusque saut, on monte, et l'on ne peut tracer entre les six climats aucune limite rigoureuse (C. Müller).

Au bas, regardant l'Inde et la chaudière bouillante, le manglier concentre les vapeurs. Mais, vers l'Océanie et le monde aux cent îles, le cocotier s'élève, le pied dans le flot vert, légèrement se balance au vent frais.

Le palmier compte peu. Au-dessus du bambou et des arbres à gomme, Java a sa noble ceinture, sa forêt javanaise. C'est uniformément le teck, le premier bois du monde, chêne des chênes, l'indestructible teck. C'est un géant platane, le superbe liquidambar.

Tout aliment humain, toutes les nourritures des cinq mondes surabondent ici. Le riz et le maïs, les figues et bananes de l'Inde, poires de Chine, pommes du Japon, y prospèrent avec la pêche, l'orange et l'ananas; — qui le croirait? la fraise même! elle multiplie près des ruisseaux.

Innocente nature. Mais à côté une autre, redoutable, commence, celle des hautes énergies végétales, les plantes de la tentation, les séduisantes, les fatales, qui doublent, mais abrègent la vie.

Elles règnent aujourd'hui en ce monde, de l'un à l'autre pôle. Elles font, défont les nations. La moindre de ces fées terribles a plus changé le globe qu'aucune guerre. Elles ont mis le volcan dans l'homme, et je ne sais quelle âme, un esprit violent, qui semble moins humain qu'un esprit de la planète. Grande révolution qui surtout a changé l'idée de la durée. Le tabac tue les heures et les rend insensibles. Le café les abrège par l'excitation de l'esprit; il en fait des minutes. Ainsi le temps est mort, et demain nous aurons vécu.

En tête des ivresses du trouble, mentionnons d'abord l'alcool. Le sucre, en huit espèces, qui prospèrent à Java, donne abondamment ce délire, cette force-faiblesse. Non moins abondamment croît le tabac, l'herbe du rêve, dont la vague fumée a obscurci le monde.

Mais, par bonheur aussi, dans une fécondité immense, Java en produit le remède, le café. Il combat le tabac. Il supplée l'alcool. A elle seule, la petite Java donne le quart du café qui se boit sur le globe. Café fort supérieur, quand on le sèche assez, sans craindre d'alléger le poids.

Le café a le tort d'alanguir l'estomac, ce bon réparateur de l'homme. Il subtilise trop; il mine et il énerve les forces de l'amour. Dans les pays brûlants, où le puissant climat, où le plaisir facile, sollicite sans cesse, où, sous un double feu, l'homme fond et s'écoule, il appelle au secours ses régénérateurs d'un moment, les épices. Ces âcres stimulants, la brûlure de la bouche et le feu des entrailles, le ravivent pour le dévorer. Java et les îles voisines jadis n'étaient connues que comme *îles des épices*, et aussi des drogues violentes, des poisons de la médecine. On faisait des contes effrayants de ses plantes funestes dont le suc était du venin, de son Bohon-Upas, qui, au plus léger tact, frappait à mort et foudroyait.

Qui veut voir l'Orient, dans la révélation de ses forces magiques, et voluptueuses, et sinistres, doit le voir, aux lumières, voir le grand marché de Java. Les bijoux singuliers de fine main indienne s'étalent là aux désirs de la femme, tentation et prix du plaisir. Autre séduction, la furie végétale des savanes mordantes et brûlantes qu'on cherche tant, les parfums exaltés d'herbes et de fleurs terribles que l'on n'a pas nommés encore. La nuit est merveilleuse, profonde, et de repos suave, après les violences du jour. Mais n'en jouissez trop : à mesure qu'elle avance, on ne respirerait que la mort.

Remarquez-le : ce qui donne au marché si brillant un effet funèbre, c'est que toute cette foule est obscure, de teint sombre, et tous les animaux sont noirs. Contraste singulier dans ce pays d'éclatante lumière. La chaleur semble avoir tout brûlé, tout teint de ténèbres. De tout petits chevaux passent, repassent, comme un noir éclair. Les buffles qui lentement arrivent chargés de fruits, de fleurs, des plus brillants dons de la vie, portent le deuil d'un noir bleuâtre. Je ne voudrais pas à cette heure m'écarter trop, monter. Je trouverais peut-être la panthère noire, dont les yeux verts flambloient la nuit d'effrayantes lueurs. Et qui sait ? le tyran superbe de la forêt, le tigre noir, a commencé sa promenade. Redoutable fantôme qu'à Java le Malais croit un Esprit de mort.

SECONDE PARTIE

I

ZONES DE PAIX — LES PRAIRIES

I

ZONES DE PAIX — LES PRAIRIES

« Le combat pour la vie. » (*Darwin.*) Cette grande et simple formule inaugura une ère nouvelle dans l'histoire naturelle. Elle exprime à merveille la violente concurrence de tant d'êtres (animaux, végétaux) intéressés à vivre, cruels et innocents, qui tuent pour exister.

Combat, dis-je, innocent, qui faisant l'équilibre et l'harmonie de la Nature, donc, *sa paix d'elle à elle*, n'est pas même un combat; — c'est échange plutôt, roulement. Sous les tropiques, il est accéléré, infiniment rapide[1]. Chaque être a son heure, et la prend; sa part d'éléments, s'en saisit. Point de retardataire. Nul sursis pour garder ce qu'un autre réclame. De minute en minute chacun dit : « C'est mon tour. » Tourne la roue! Roule la meule ! Spectacle éblouissant. Un torrent d'étincelles brille et passe. Et ce sont des vies. Mais l'étincelle humaine, mais l'Esprit, en passant, regarde.

Ici, la roue tourne moins vite. Le combat est moins fort. Et pour le regarder, nous avons un peu plus de temps. Les êtres organisés ont moins besoin de se détruire entre eux. Le spectacle, aux climats d'Europe, n'est pas moins grand, mais bien plus doux. Nos plantes ne sont pas si ter-

---

[1] Cela créa un art, celui de profiter de cette lutte. Contre la furie productive d'une terre trop puissante qui, de funestes plantes, en un moment fait des forêts, l'Inde ingénieusement avait compris la guerre des plantes. Dans les cultures d'épices, une herbe se glisse, le lalang, effrayante d'envahissement. On n'y peut rien. Elle étoufferait tout, si l'on ne connaissait son ennemie jurée, le gambir, herbe encore plus terrible. Comme un lion lâché sur un tigre, le gambir s'acharne au lalang, l'extermine et l'anéantit. Dangereux allié. Par bonheur, épuisé, il meurt de sa victoire, et sert de nourriture à la terre délivrée.

ribles dans leurs haines et leurs guerres. Elles se tolèrent entre elles, se souffrent plus débonnairement. Elles se serrent, s'étouffent parfois quelque peu dans la plaine et sur la rive humide, mais plus haut s'éclaircissent, et se favorisent plutôt, de la prairie à la forêt.

Ce simple mot, *prairie*, qui le comprendrait hors l'Europe? Nos plantes de prairies se retrouvent sans doute en ces climats plus forts; elles y gravissent les montagnes, mais combien différentes d'elles-mêmes, dures, sauvages et fibreuses. Ici, quoi de plus doux que la prairie?

Une seule chose rivaliserait, l'épais tapis de velours vert que font les mousses. Le plus tendre pied nu de la femme, du petit enfant, le sent plus tendre encore; il en est caressé. Ce vert est le charme de l'œil. Il est sombre et gai à la fois, si plane et si uni! Vu de près, c'est un monde de miniatures de plantes qui protègent elles-mêmes, nourrissent d'autres miniatures plus petites.

Si celles-ci étaient plus fortes, elles iraient plus haut, des mousses aux herbes, se mettraient sous le patronage de ces nobles géants, les graminées, dont la forêt est appelée gazon. Les graminées, famille incomparable. Ce sont, entre les plantes, les plus légères (leur fleur s'envole au vent); d'autre part, les plus graves. Ce sont elles qui nourrissent l'homme. Elles sont les protectrices, éducatrices, d'un monde de menues plantes qui joueront un grand rôle. Elles hébergent, couvrent, préparent la forêt naine qui sera la forêt. Tel arbre, puissant, dans cent ans, est trop heureux d'avoir été d'abord dans l'humble compagnie des graminées. Ces douces petites sœurs l'ont soutenu entre elles, lui ont sauvé le vent. Que fût-il devenu s'il avait commencé sous l'ombrage touffu de son père, qui lui aurait ôté et l'air et le soleil?

Il le leur rendra bien. Devenu haut et fort, il les garde à son tour, les abrite contre les tempêtes.

Aimable monde de mutualité, d'hospitalité fraternelle. Sous les mousses, les herbes, les plantes et les buissons, un même esprit circule de sociabilité facile, de tolérance et de douceur. De la prairie à la forêt, de la forêt à la montagne, on le respire, on monte dans la paix vers un monde serein, moins riche en apparence, mais où l'on trouvera des puissances inconnues de vie.

Aux lieux favorisés où l'ombre et le soleil ont leurs alternatives heureuses, sur ces pentes bénies où toute vie salutaire est étagée, je regarde et je cherche.

Je vois d'ici les plantes de la patrie, qui parlaient d'avenir, la verveine et le gui, qui dit qu'on ne meurt pas. Je vois mes plantes de famille, la salvia (celle qui sauve), la plante tant aimée de mon père, prisée si haut du moyen âge. Je vois mes chers parfums amers, plus salubres cent fois que les odeurs sucrées, équivoques, des fleurs des tropiques, aussi saines au cerveau que lui sont dangereuses les ivresses de ces étrangères. Les nôtres, romarin, marjolaine, d'aspect simple et sauvage, sont toutes nos légendes d'Amour, les histoires de celui « qui rend l'amer si doux, fait savourer les pleurs. » (*Qui dulcem curis miscet amaritiem.*)

La vertu curative de nos plantes indigènes s'explique bien. En elles est notre esprit, en elles nos charmants souvenirs. Elles eurent toutes nos confidences. Elles sont bien plus en rapport avec notre sang, notre cœur, bien plus dans la mesure de nos tempéraments. Hommes des zones moyennes et modérées, nous profitons bien mieux de celles-ci que de leurs analogues, de leurs brûlantes sœurs. La médecine violente, issue des temps atroces, de l'âge militaire où la chirurgie était tout, *la médecine à mort* qui va par coups d'État, a dû les préférer comme énergies brutales, de force expéditive. Elles guérissent des noirs, des jaunes, des hommes de climats différents, de santé différente, des hommes de régime, d'habitudes opposées, partant, des maladies tout autres. Qu'en conclurai-je? que, si elles les sauvent, ici elles me tueront. Leur violence me le garantit.

La dangereuse Flore des tropiques y a forcé les doses, concentré dans l'atome un infini de force. L'effet est l'opposé de la vraie médecine, qui prétend faire durer les faibles. La nature tropicale, au contraire, les abrége, met sa joie, son triomphe à faire succéder vite les êtres aux êtres, à rendre plus rapide le passage incessant, la roue de la vie.

Ma prairie, ce n'est point la pelouse uniforme, le gazon ras tondu du parc Anglais où la petite herbe, incessamment coupée et réprimée, n'aura jamais l'amour, jamais le court bonheur, l'instant qu'a l'éphémère. Refoulée tous les jours dans ses élans, elle reste si bas près de terre qu'elle n'a plus figure de plante; elle n'est plus qu'un fil du grand tapis, une fine pointe qui tend vers la lumière. Impitoyablement la faux la décapite. Triste objet de pitié. Le regard s'en écarte; il se porte plutôt vers la prairie sauvage, libre, heureuse et comble de fleurs. C'est une petite mer ondoyante qui va et vient au flux et reflux de la brise. L'agriculteur lui-même, qui n'y voit qu'une nourriture, la sert et attend son moment, l'heure où la plante, riche d'une double séve d'amour et de maternité naissante, livre à la fois l'arome et la fécondité.

On plonge jusqu'au genou dans les prés, dans les herbes fleuries des premières pentes. Les graminées à fleurs légères, les mélilots dorés, les trèfles rouges, les minimes géraniums violets, l'orobe aux grappes de sang, jouent l'arbuste, simulent en miniature la forêt vierge, et, luttant sous vos pas, dégagent une aimable senteur. Ces fleurs, dont le feuillage semble souvent ailé, sont les altières, les dominantes, les dames de la prairie. Aux haies, la pervenche rouge l'entoure modestement et lui fait sa guirlande. Aux sentiers où l'eau printanière abonde, fait de petits torrents, se plaît le grand myosotis. Dans l'ombre moins humide, fleurit la véronique dont le regard d'azur fascine, malgré son innocence, de sa limpidité, de son intensité, semble une âme qui parle à l'âme.

Comment, ayant chez nous tant de fleurs délicates, en rapport avec nous, et fines interprètes de la nature Européenne, cherchons-nous par toute la terre la décoration de nos jardins?

Un fait immense au dernier demi-siècle a changé notre Europe, l'invasion subite, aveugle et effrénée de toutes les flores étrangères. L'acacia vint avant ma naissance. Enfant, je vis entrer dans un temps déplorable le triste hortensia. Jeune, le vulgaire dahlia. Homme, le fuchsia et tout à la fois cent mille plantes. Beaucoup sont déjà dégénérées. Telles, exquises chez elles, ici vivant d'engrais, devenues grosses et grasses, sont maintenant tout ornementales, fleurs grossières de décoration. A la vraie Flore française, un peu pauvre, il est vrai, mais charmante, exquise, épouse légitime de notre esprit national, ont succédé ces concubines, que la culture pousse à grossir, à prendre les voyantes couleurs qu'aime la barbarie de ce temps. Nos énormes parterres, chargés et surchargés, font penser à ces châles, si lourds, si colorés, qui ont tué le vrai cachemire, abruti les arts d'Orient.

Les saisons manquent leur effet, leur poésie native et profonde, étant troublées par les apparitions imprévues des fleurs étrangères, qui souvent viennent à contre-temps, ne savent pas les heures de notre année, qui, par exemple, rient dans nos mélancolies d'automne. Moment pâle et touchant; la flore des antipodes croit que c'est le printemps, et nous fait au travers tout son tapage de couleurs.

L'œil s'habitue pourtant à leur bizarre concert, comme l'oreille s'est endurcie aux instruments de cuivre. Des sens grossiers nous font aussi l'âme grossière, pour le plaisir quelconque, sans goût, sans souvenir.

Si Rousseau eût été comme nous blasé de ces flores étrangères, il n'eût pas dit trente ans après: « Ah! je reconnais la pervenche! »

Un temps plus artiste viendra où ces intrusions n'auront plus lieu, comme aujourd'hui, brusquement et étourdiment. On n'admettra plus une plante sans connaître ses amitiés, les plantes sœurs qui l'entourent, qui lui font compagnie, et même (autant qu'on peut) toutes les grandes harmonies locales où elle est encadrée. La plus belle, hors de là, peut être ridicule. L'acacia, arbre charmant, de son port exotique, de son léger feuillage, dans la gravité imposante de nos arbres du Nord, fait souvent le plus pauvre effet.

Une chose grave, en France, c'est la destitution du chêne. Qui peut voir sans douleur dans la forêt de Fontainebleau les arbres utilitaires le remplacer? Le maigre pin sans ombre, et sans herbes dessous, parant l'hiver d'un faux printemps, est un bien triste successeur pour les ombrages séculaires de ce roi des forêts qui a connu, abrité nos aïeux.

Qu'ils étaient dignes et graves, les clans originaires de nos arbres et plantes des Gaules! c'étaient des parentés, c'étaient des amitiés. Parents entre eux, ils l'étaient avec nous. Ils connaissaient et disaient nos pensées, nous parlaient selon nos besoins. Qu'aux jours d'épreuves, on allât voir les chênes, ils vous enseignaient l'énergie. Avec leur rudesse apparente, ils n'accueillaient pas moins le deuil. L'affligé les voyait, non sans consolation, dans l'étreinte du lierre, dans l'amitié du houx aux cent pointes piquantes, mais si beau en revanche par le sombre éclat de ses feuilles, par la pourpre superbe dont ses baies s'ornent pour l'hiver. Nobles enseignements des royautés de la douleur, des beautés, graves et fortes, d'une âme qui combat et domine le sort.

II

FORÊTS — L'ARBRE DE VIE — LE RAMEAU D'OR

II

FORÊTS — L'ARBRE DE VIE — LE RAMEAU D'OR

L'arbre gémit, soupire, pleure d'une voix humaine. Vers 1840, nos Français d'Algérie qui en coupaient plusieurs, en furent émus, presque effrayés. Des arbres, mêmes intacts, gémissent et se lamentent. On croit que c'est le vent, mais c'est souvent aussi leur circulation intérieure, moins égale qu'on ne croit, les troubles de leur sève, les rêves de l'âme végétale.

L'antiquité n'avait jamais douté que l'arbre n'eût une âme, — confuse, obscure, peut-être, — mais une âme aussi bien que tout être animé. L'humanité crut cela dix mille ans, avant les âges scolastiques qui ont pétrifié la Nature. Cette idée orgueilleuse de croire que l'homme seul sent et pense, que tant d'êtres ne sont que des choses, est un paradoxe moderne du moyen âge. La science aujourd'hui nous enseigne tout le contraire et se rapproche fort des croyances antiques. Tout être, nous dit-elle, le moins avancé même, a en lui le travail, l'effort, un certain sens d'assurer, augmenter sa vie, le *choix* (mot de Darwin), l'usage quelquefois très-habile des moyens qui mènent à ce but. Chacun a *son art* personnel pour être et croître, et se créer sans cesse.

Dans les villes et dans les écoles, l'esprit subtil et vain peut rire de l'*âme de l'arbre*. On n'en rit pas dans le désert, dans les climats cruels du nord ou du midi, où l'arbre est un sauveur. On y sent bien le frère de l'homme.

Le Scandinave croyait que l'homme primitif avait été un arbre, qui fit la vie universelle, la puisa dans le ciel, dans la terre et la nuit.

Ce culte a-t-il cessé? Jamais entièrement. Un voyageur récent l'a trouvé au Caucase, Chardin en

Perse. A Ispahan, naguère, on honorait un platane ; on le chargeait de dons, tout comme on voit dans Hérodote Xerxès orner, parer son platane de l'Asie Mineure.

Un arbre, dans les steppes, dans leur infini monotone, oh! un arbre, c'est un ami! Sur les bords de la Caspienne, pendant 300, 400 lieues, on ne voit rien, on ne rencontre rien qu'à mi-chemin un arbre isolé et unique. C'est l'amour, c'est le culte de tout homme qui passe. Chacun lui offre quelque chose, et le Tartare lui-même (au défaut d'autre don) s'arrachera un peu de barbe ou de cheveu (voy. le bel et curieux Atlas de M. B. Zaleski).

Toute idée se juge à ses fruits. L'erreur ne crée jamais. L'idée qui crée un monde, sans nul doute, c'est la vérité. Cette touchante idée de la fraternité de l'arbre, infiniment féconde, a créé, enrichi, doté le monde antique. Elle seule lui donna l'étonnante puissance agricole qui l'a fait et refait, qui, à travers les guerres et malheurs de tout genre, fut constamment sa renaissance.

L'enfant parle en légendes. Dans ce monde encore jeune, deux superbes légendes enseignaient que l'arbre est une âme :

L'*arbre de vie* (c'est l'idée de la Perse), une âme bienfaisante et féconde, qui fait les riches sources, les quatre fleuves vers les quatre côtés du monde.

Et l'*arbre de douleurs* (c'est l'idée égyptienne, syrienne), une âme prisonnière, vulnérable, souffrante, enterrée sous l'écorce.

Les deux croyances avaient le même effet, un grand respect de l'arbre, un soin religieux de sa conservation, un sentiment très-tendre. L'arbre l'a reconnu. Il a réellement créé, multiplié les sources, rafraîchi, enrichi la terre.

L'idée persane, vraie, autant que sublime, est celle-ci, que le cyprès, l'arbre pyramidal dont la pointe imite une flamme, est un médiateur pour la terre et le ciel. Il est incontestable qu'il attire et recueille les rosées, les vapeurs trop rares de ces climats. Les arbres à larges feuilles (le platane par exemple, honoré aussi en Asie) s'en pénêtre profondément. L'un prend la nue au ciel, et l'autre la donne à la terre. On est sûr que près d'eux le trésor désiré, imploré, tant cherché, l'eau va sourdre, faible d'abord, en imperceptible ruisseau. Mais attendez. Des arbres qui sont proches, un autre filet va venir au secours du premier. D'autres plus tard. De cent cours d'eau se forme comme un réseau d'irrigation qui fait la vie de la contrée.

Quand on lisait dans Hérodote que la Perse avait eu quarante mille canaux souterrains, on s'étonnait et l'on doutait. Lord Malcolm, vers 1800, en a trouvé bien plus. Douze mille dans une seule province ont laissé trace, et témoignent encore de la richesse merveilleuse de ce jardin de l'Orient (voy. ma *Bible de l'humanité*).

L'idée égyptienne est forte et saisissante. L'homme, dans ses misères, ses travaux excessifs, rentrant chez lui, contait tout à son arbre, « lui remettait son cœur » dans la fleur ou le tronc. Pourquoi la mimosa discrète se ferme-t-elle si bien le soir? C'est pour garder le cœur de l'homme.

Dieu! si on le coupait cet arbre méchamment, que deviendrait le cœur? Aussi il ne confie qu'à sa bien-aimée femme dans quel arbre il l'a mis. L'arbre gardant ce cœur, après lui, est pour elle son amour, son dieu même, un dieu mort et vivant. Souvent la femme a vu à travers ses pleurs, qu'il pleurait.

Rien de plus pathétique qu'Isis retrouvant son époux dans un arbre devenu colonne d'un palais de Syrie. Nulle histoire plus touchante que celle de l'innocent Satou, faussement accusé, enfermé sous l'écorce du perséa-laurus par sa méchante épouse, enfin glorifié, devenu Pharaon, et, pour toute vengeance, la mettant au trône avec lui.

Les captivités, les commerces d'esclaves et les enlèvements d'enfants donnèrent lieu à des mythes, des légendes navrantes. Adonis mutilé, immolé barbarement, survit dans un pin de Byblos. Il y pleure éternellement. En Phrygie, c'est Athis, tendre et charmant enfant, que l'on entend gémir dans l'amandier en fleur. Par bonheur, l'arbre s'ouvre et on le voit sortir. Quelle joie! La femme, hors d'elle-même, était noyée de pleurs, la foule en délirait. On peut juger si l'arbre, avec de telles légendes était aimé, soigné, caressé dans l'Asie.

Les chênes de Dodone vivent et parlent encore. Mais déjà chez les Grecs faiblit cette religion. Ils rient de voir Xerxès amoureux d'un platane. Malgré leurs jolis mythes de Daphné et de Cyparis, ils honorèrent peu l'arbre et le ménagèrent peu. Leurs sources d'autant diminuèrent. La terre fut moins fertile. Puis, les Chrétiens, les Musulmans viennent avec un dédain profond de la nature. L'arbre meurt. L'eau tarit. La Méditerranée, sur ses rivages arides, ne montre plus qu'un désert chauve.

Le point milieu du temps, qui clôt l'antiquité, ouvre le moyen âge, point vraiment touchant, c'est Virgile. Chez lui, la forêt est rêveuse, mélancolique, pleine de songes. Elle semble parente de la forêt celtique. Le gui de l'immortalité qui est dans celle-ci coupé par nos sibylles, en son reflet doré, rappelle le rameau d'or virgilien.

Que fait-il ce rameau? il évoque la vie. Il vaut le caducée, qui conduisait les morts. Il ramène l'âme disparue, l'oblige de se rendre à nos regrets, d'apparaître (du moins en songe), d'écouter nos soupirs, nos prières, et de nous répondre, de pleurer encore avec nous.

Miracle attendrissant! Mais, s'il est si puissant, qu'il lui est plus facile d'arrêter ici-bas l'âme ailée qui s'envole, qui va nous échapper, qu'en vain nos bras retiennent. Dans les douleurs muettes, dans les noires prévoyances, qu'on cache à l'être aimé, qui n'a de tout son cœur fait le vœu de Virgile : « Oh! si, dans la forêt, je te trouvais, rameau ! »

Vaste forêt ! mer de feuilles et de songes... Que de temps j'y errai ! Où passa ma jeunesse, sinon dans la recherche sombre jusqu'au jour où je vis, je pris ce rameau d'or, dont j'évoquai les nations.

C'est le prix de ma vie d'avoir ressuscité tant d'hommes oubliés, méconnus, d'avoir été pour eux l'instrument de justice et le réparateur du sort. Cette idée me revient aux tristes heures de nuit et fortifie mon cœur. Mais le don d'évoquer le monde évanoui, l'ai-je obtenu pour rien ? Comment l'ai-je atteint, ce rameau? En aimant trop la Mort. Jeune, j'ai habité les sépulcres. Je ne me lassai pas d'en réveiller l'esprit.

Et le temps est venu où la Mort me plaît moins, où je lui dis : « Attends ! »

Parlé-je ainsi pour moi? — Oui pour moi. J'aime encore.

Pourtant j'ai fait beaucoup. Comme œuvres et labeurs, j'ai dépassé trois vies. J'accepterais le sort, si parmi ces pensées une autre ne venait, une autre inquiétude au point si vulnérable où bat, vibre mon cœur.

. . . .

Grande forêt où j'ai trouvé jadis ce fier rameau qui refaisait des mondes, ne me direz-vous pas où vous gardez pour moi la petite herbe du salut?

Vous avez, je le sais, le secret de la vie. Vous la donnez à tous. Vos innombrables feuilles, d'une invincible aspiration, fixant les eaux flottantes, les versent à nos champs, alimentent le monde. L'arbre noir que l'on croit funèbre, tout au contraire, avec ses fines pointes, attire la nue vivante, électrique, la joie de la terre. Forts de puissante sève qui vous refait sans cesse, de cet or résineux qui conserve et guérit, vous voyez passer l'homme, et vous durez mille ans. Tel peut vivre cent siècles. Plus ferme et plus durable que tous les porphyres de l'Égypte, il vit le premier Pharaon, il entendit chanter le premier chant du Rig-Veda.

Vieux pontifes, puissants médecins, dites-moi, je vous prie, le mystère d'immortalité. Une initiation tout entière est en vous, dans les forêts de la montagne. On monte, et à chaque gradin, on laisse quelque chose de ses misères d'en bas.

III

L'AMPHITHÉATRE DES FORÊTS

III

L'AMPHITHÉATRE DES FORÊTS

L'amphithéâtre des montagnes, à son premier gradin a les grands châtaigniers. Ils font à la forêt une entrée vénérable.

Ce sont des patriarches, dans un grand esprit de famille. Moins ambitieux que fécond, s'il ne porte pas haut la tête, l'arbre central, fort large, rejette de toutes parts cinq ou six châtaigniers. Postérité heureuse qui le rassure sur les blessures, les pertes qu'il subit. Toute creuse qu'elle peut être, cette tige originaire verdoie, joyeuse de se voir ces enfants. Ceux-ci lui tiennent fort, si fort que souvent ils se soudent, restent mêlés avec elle et entre eux. Il en résulte un être étrange, parfois prodigieux, que vous trouvez un monstre. Et point du tout, c'est excès de nature, de mutuel attachement. Les jeunes n'ont pas pu s'arracher de la bonne mère qui longtemps s'épuisa pour eux.

—··—

Le châtaignier veut de l'air, de l'espace. Il se plaît dans les éclaircies. Ses feuilles, si vertes de vie, étendues comme une main, sont de forme (ce semble) parlante. Ces belles mains, autant qu'elles peuvent, cherchent la lumière, s'y étalent, s'en imbibent avidement. Mais, quoique superposées dans l'abondant feuillage, elles s'arrangent pour ne pas trop se nuire entre elles, ne pas se faire ombre, se voler le soleil. Il chérit le granit, le sable des grès dont il sent aux racines le chaud rayonnement. Il ne craint pas la lave. Il la prend tiède encore, plonge en ses noires entrailles. De ses scories luisantes, il se fait autour un foyer qui lui réverbère la chaleur. Sur nos volcans éteints d'Auvergne, il se loge au cratère et jusqu'en leur bouche béante, la pare de sa verte jeunesse.

Il aime les volcans, il aime les ruines. Près de Chiavenna, au fond de sa chaude vallée, un bois de châtaigniers s'est emparé de l'effroyable éboulement du Monte Conto. Sur les 60 pieds de débris qui couvrent aujourd'hui le village de *Pleurs*, ils se sont établis, verdoient.

La vraie forêt touffue ne commence vraiment que plus haut par le hêtre. Si son feuillage épais fait de trop fortes ombres, en revanche, il est gai, riant, dit qu'on peut se fier, pénétrer sous ses voûtes, monter avec lui les grands monts. On le trouve partout, de l'Apennin à la Norwège. Ce *fagus* de Virgile, qui ombragea Tityre, vous le retrouvez dans le Nord; il n'est nulle part plus grand, plus gai, qu'aux brumeuses îles du Danemark, au pays d'Hamlet. C'est l'enfant de l'Europe, le mieux équilibré des arbres. Il accepte tous nos climats.

Fournissant tant de feuilles, il est bien forcé d'être avide. De tous côtés il cherche, étendant ses racines en quête de nourriture. Et pourtant il n'est pas trop tyran pour les autres arbres. Il souffre le frêne aux torrents, dont la vapeur nourrit aussi son autre frère, le beau tilleul. Dans le sable, c'est le bouleau, le tremble, toujours en mouvement, dont le pâle feuillage nuance de sa mélancolie l'uniforme gaieté du hêtre.

Il sourit aux forêts. Il sourit au foyer ; il y flambe et pétille, il y fait la braise cerise. C'est du hêtre que vient l'orgueil du paysan, sa rustique chaussure, ses sabots magnifiques, sujet inspirateur d'un des plus beaux chants du Midi.

Le hêtre a contre lui sa richesse de feuilles. Si ombreux, il exclut le jour et ne pare point la terre. Sous lui, peu de plantes, de fleurs. La fougère, la blanche spirée, presque seules, se résignent à cette humidité. Il en souffre lui-même. Son ombre se fait ombre, dense, multipliée, obscurcie, cherchant incessamment le jour. Au contournement de ses branches, on voit bien leur effort vers l'air et la lumière. On voit qu'il veut, aspire. Son allure semblerait celle d'une personne en mouvement.

C'est ce qui fait sans doute que, sensible et prenable au froid, il se hasarde cependant, monte, afin de respirer mieux. De là mainte et mainte aventure. L'austère et fière montagne, en ses caprices de rigueur, réprime les audaces du hêtre qui se permet d'aller trop haut. Quoiqu'il attende en mai pour hasarder sa feuille, il a souvent de rudes coups. La nuit du 24 mai 1867 fut terrible dans toutes les Alpes. Le 25, la tempête éclata au lac de Genève. La gelée vint la nuit et par-dessus, un brusque soleil. Les arbres au moment délicat où fermente la sève, ne s'attendaient à rien. Le noyer fut rôti, devint un spectre noir. Le hêtre fut roussi, prit son habit d'automne, très-splendide, il est vrai, qui rougit la montagne des belles teintes ardentes qu'adorent les coloristes.

Mais d'avoir été pris au plein cours de sa sève, brusquement arrêté au moment de l'amour, cela lui était dur. Il songeait, paraissait trouver l'été bien long jusqu'à son réveil d'août. Et même en août qu'a-t-il? la fleur? non ; l'amour? non, mais la consolation de quelques feuilles, d'être assuré de vivre encore.

Plus bas le châtaignier, plus haut les résineux ont des chances meilleures, une espèce d'immortalité. Le châtaignier qui se refait sans cesse et tout autour par ses enfants, qui subsiste mêlé avec eux dans leur jeune vie, n'a aucune raison de mourir. Les sapins et les pins, contre le froid, le vent et ses insultes, ont la garantie de leur résine qui les garde, les tient fermés. Leur vie économique dure indéfiniment, s'épanchant peu, ne donnant guère en feuilles (le sapin les garde dix ans). Le hêtre est très-prodigue. Jetant chaque printemps un océan de feuilles, il verse la vie sans compter. Aux malheurs, aux blessures, il n'oppose que cette vie, forte dans son écorce, qui guérit aisément ; jeune toujours et gaie contre le sort.

———

La forte vie de la montagne, sa robuste existence en ses larges ceintures, tient à l'amitié de deux arbres fort différents, mais sociables, le hêtre vert, le noir sapin. Le hêtre rit, le sapin pleure, n'importe. Ils vont ensemble dans les mêmes hauteurs. Parfois on les trouve mêlés, mais plus souvent voisins. Ils se partagent le domaine. Le hêtre est au flanc du midi, le sapin vers le nord, aux pentes sans soleil, plongeant jusqu'en la vallée basse, humide, lugubre de brouillards.

C'est le grand sapin blanc (abies pectinata), géant de double deuil, blanc en dedans, noir en dehors. Ses longues et fortes branches sur leurs longs peignes sombres, portent la neige, et si le poids les plie, les fait gémir dans sa noble douleur, il n'en est que plus solennel.

Est-ce un fantôme immense ? on le croirait à certaine heure. Parfois hérissé de cristaux, il semble un oiseau redoutable qui ouvre de menaçantes ailes. Aux contrées du Midi, on le trouve funèbre. Mais dans le Nord, on l'aime. Des bords de la Baltique, des sables de la Prusse aux déserts sibériques, il est l'abri puissant et la consolation. Baissant ses branches jusqu'à terre, mystérieux dans sa nuit protectrice, il est réellement la maison vénérable de bien des existences qui ne dureraient pas sous le ciel. En ces climats sévères combien mourraient sans lui! Muet comme la tombe, uniforme, infini, se ressemblant toujours, il cache d'autant mieux le misérable errant. Sûr entre ses bras noirs, ainsi que l'écureuil, l'homme ira 700 lieues de sapin en sapin. Celui-ci, qui regarde au sud et y tourne ses branches, guide le fugitif et lui sert de boussole. Que de fois il couvrit, conduisit, sauva l'exilé!

———

Ici, c'est le sauveur, le vrai gardien de la montagne. Ces deux grands travailleurs, le sapin et le hêtre, à eux deux la protégent. Ils y font la grande œuvre, le vrai métier de la forêt.

Il faut songer qu'au haut, sur des plateaux

étroits, la forêt sera peu de chose, mais qu'ici où nous sommes, à la base et à la ceinture, elle est encore immense, et son travail prodigieux.

Travail double. Elle reçoit, elle arrête et divise tous les ravinages d'en haut qui dépouilleraient la montagne.

D'autre part, la forêt répare incessamment ses pertes, l'enrichit. Elle y entasse ses débris. Elle fixe des masses de substance flottante. Comme un puissant organe d'aspiration, elle prend au passage les brumes et les brouillards épais et tout ce qui navigue avec eux dans cette épaisseur. Elle appelle, commande ces passants aériens, les oblige à descendre. Là le sapin est admirable. Il attire la nue de ses pointes. Le hêtre la boit de ses feuilles. Spectacle magnifique, pour peu que, dans la brume, le soleil introduise un oblique rayon. On dirait que la forêt fume. Et réellement elle respire.

Sous ces sapins, qu'il fait bon de marcher! Nette en tout temps, libre d'obstacle, la terre donne une noble idée de pureté. Quoi de plus pur que l'air, en ces odeurs salubres! Quel grand apaisement vous sentez peu à peu ! N'en soyons pas surpris. Ces arbres respectables aux premiers temps du globe, soutirèrent de leurs pointes l'excès de l'électricité qui faisait du monde un orage. C'est ce qu'ils font encore. Nos orages intérieurs se calment au milieu d'eux, nos agitations vaines. Si la forêt est sombre, si comme, on a trop dit, « les songes légers volent, posent sous chaque feuille, » les lourds rêves d'en bas en sont absents du moins, les sinistres fantômes qu'élevaient les vapeurs. La vie, en montant, plus légère, a moins d'illusions. La nuit même est claire et limpide. A travers l'arbre noir elle montre l'étoile scintillante, les astres souriants, la divine lumière et la réalité.

Je ne sais quelle gaieté d'énergie nous saisit dans ces régions supérieures. Le grand sapin mélancolique nous quitte. Il fait trop froid. Ses longs bras sont trop grands pour les agitations d'en haut. Il nous faudrait ici un arbre plus robuste, à bras courts, qui n'eût pas à porter tant de neiges. Un arbre courageux, montagnard, gorgé de résine, qui en fût tout entier pénétré et gardé. Il faut le picéa, ce dur lutteur des Alpes, qui s'acharne et les suit jusqu'aux pentes improbables, et s'accroche dans les précipices. Il ne craint que la brume, l'humidité d'en bas. Il affronte le froid, mais cherche le ciel pur. Il boit avidement le soleil par ses quatre rangs de stomates. En montant, il n'a plus les fortes nourritures d'en bas, l'excitation de la vie fermentée. Il en a une autre, plus haute, celle de l'air et de la lumière, parfois l'appel du fœhn, l'électricité des orages.

Le picéa n'a plus les grandes ailes du sapin blanc. Il sacrifie les branches, et s'enrichit en feuilles. Il en met tout autour du rameau qui dardent et aspirent de tous côtés, qui l'alimentent, le fortifient. Tout son souci, c'est de se dresser en colonne, d'être un puissant mât de navire, qui brave aujourd'hui la tempête de la montagne, et demain l'Océan.

Ces vaillants arbres ne font nul frais pour eux. Point de luxe. Nul ornement. Ils ont bien autre chose à faire aux pentes dangereuses où ils montent à l'assaut. Vent glacé, rocher nu. Ils montent. Ils étendent, ils attachent, comme ils peuvent, leurs maigres racines et tiennent à peine au sol. C'est en se pressant, en serrant leurs rangs, leurs légions, qu'ils se soutiennent entre eux et soutiennent aussi la montagne.

Dans ses crises qui sont les dégels, sans eux elle serait perdue. Elle éclate, se fend. Là des eaux furieuses, profitant de ces fentes et les agrandissant, ruinant, démolissant, vont tout lancer dans la vallée. Eux seuls arrêtent tout. On la croirait entendre qui crie : « Mes enfants, tenez bon. »

Mais voici que d'en haut un monstre d'avalanche, neige et glace, rochers pêle-mêle, d'un coup terrible part, bondit de pointe en pointe. Malheur aux picéas! C'est sur eux que d'abord passe l'épouvantable tempête. Ils crient, craquent... Un moment abîmés, ils ont disparu. Dans quel état, grand Dieu! on les revoit après? Roulés, racines en haut, misérablement fracassés! Lamentable ruine!... Cependant de leurs pointes ils ont rompu le coup. On l'a vu récemment dans les Pyrénées, près Barèges. C'était plus que la neige, c'était un roulement de glaces qui rasaient, tranchaient tout... Ils avaient tous péri, mais sauvé la vallée.

Les résineux sont plus qu'un genre, une famille. Ils sont un monde végétal dont les formes diverses racontent tous les âges qui nous ont précédés. Nés du temps des fougères, des cicadées, des prêles, ils les imitent toujours par des espèces spéciales. Par exemple, leur éphedra continue d'imiter la prêle, se prolonge par emboîtement, pour feuille a des écailles. Les géants résineux, araucaria, sequoia, étonnent encore la terre de ce qu'elle fut autrefois en ses puissances de jeunesse, où ses arbres étaient des montagnes. Les sequoia de la Californie, énormes, et hauts de 300 pieds, sont, dit Douglas, d'une beauté terrible. Aux sources de Sant Antonio, aux flancs de la Sierra Nevada, on trouve une centaine de ces colosses antiques. Un d'eux, que l'on coupa, accusait trois mille ans (Carrière).

Ils furent de tous les âges, sont de tous les climats. Ils acceptent les températures et les lumières les plus diverses. Aux cèdres le Liban, aux pins et aux cyprès l'Orient lumineux. Aux sapins la Norwége et les ombres du Nord.

Dans l'hémisphère austral, la vie des résineux, concentrés dans les doux climats, diffère infiniment. Dispensés de porter les neiges, de recevoir les coups de la tourmente, ils respirent plus à l'aise. L'araucaria du Brésil, du Chili, ont la feuille de notre petit houx. Le damara d'Amboine, de la Nouvelle-Zélande, tous fumants d'eaux chaudes, peuvent bien élargir leurs poumons. Ils quittent l'aiguille mince des conifères, amplifient leur feuillage, s'épanchent en toute liberté.

Nos résineux du Nord sont de vrais stoïciens. Ils traversent les plus dures épreuves par la concentration, la sobriété héroïque. Ils ont vaincu par là et les lieux et les temps. Utiles et bienfaisants, servant beaucoup le monde, ne lui demandant presque rien.

———

On ne peut se défendre d'un mouvement de reconnaissance, d'un respect religieux, quand se promenant seul aux hauts pâturages de Suisse, on rencontre quelqu'un des sapins vénérables que depuis des siècles on conserve pour servir d'abri aux troupeaux. On sent là le grand rôle de l'arbre. On le sent comme ami et protecteur de toute vie. Ils le savent bien tous; chèvres, moutons, brebis et vaches paresseuses, d'eux-mêmes ils y vont reposer, connaissent parfaitement leur gogant (ces arbres protecteurs ont ce nom au pays de Vaud).

Ils s'établissent là l'été et sont chez eux. L'eau n'est pas loin, murmure. Aux différents étages du grand arbre, bruit, fourmille un monde d'écureuils, d'insectes et d'oiseaux. Autour de lui, à bien peu de distance, au soleil et gardées du vent, fleurissent maintes plantes charmantes, exclues des champs, et que le laboureur appelle durement mauvaises herbes. Lui, il ne proscrit rien. Il est le père de tous, et comme un bon génie de la contrée.

IV

LES RÊVES DE MONTAGNE ET DE FLEURS

IV

LES RÊVES DE MONTAGNE ET DE FLEURS

« Bien avant d'avoir vu les Alpes, leurs fleurs des hauts sommets, leur Flore délicate et sublime, m'avaient flotté devant l'esprit. Ces filles de la lumière ne descendent point en plaine, ou, si elles descendent, elles meurent. Monter à elles, et les voir dans leurs mystérieuses retraites, ce fut chez moi, de bonne heure, un vif et secret désir.

. . . .

« Toutes, nous aimons les fleurs, leurs couleurs et leurs parfums. Moi, j'aurais voulu davantage, entrer en société avec elles, savoir un peu de leurs pensées. Dans le jardin de mon père, à mes rares récréations, enfant je causais avec elles. Elles me semblaient des camarades plus jeunes, de petites demoiselles. Je leur racontais à voix basse mes affaires, mes grands chagrins. Elles écoutaient assez bien ; mais modestes, réservées, elles parlaient peu en retour. N'importe, je leur étais fidèle. Les longs dimanches surtout, quand ma mère était à la ville, nous étions plus libres ensemble. J'avais le loisir d'observer leur vie, leur langage muet, d'entrer dans leur caractère. L'une était plus matinale. L'autre, lente et paresseuse. Telle, un jour, était malade ; j'apportais pour la consoler de l'eau ou la meilleure terre, et je lui disais : « Qu'as-tu[1] ? »

« Plus tard, lorsque, mariée, j'eus mon petit jardin à moi, le parfait repos du foyer, le loisir des longues heures (aux absences de mon mari), mes plantes, soignées par moi, par nul autre, en dirent un peu plus. Elles m'apprirent ce qu'elles aimaient et ce qui leur déplaisait, leur santé, leurs défaillances, un mot de leur amour même. Vraiment, elles pouvaient tout me dire. Je n'en aurais pas abusé. Leur tendre discrétion, d'autre part, m'était assurée. J'aurais pu leur confier mes

---

[1] *Mémoires d'une enfant*, 1867.

LES RÊVES DE MONTAGNE ET DE FLEURS.

rêves, si, dans cette solitude de travail et d'innocence, j'avais eu le temps de rêver. Quel confesseur plus naturel? et, je crois, de bon conseil. Si pures et si poétiques, elles ne sont nullement romanesques, mais d'un positif admirable. Mes jours au reste, étaient remplis. J'étais occupée de l'aiguille, du ménage, de mon mari (et surtout dans son absence). J'avais même peu le temps de lire.

« J'avais tout à côté l'orage, le combat de l'histoire humaine, ce grand travailleur si ardent. Mais, dans son extrême tendresse, il se gardait de me mêler à ces choses terribles et sombres. Il m'en épargnait le plus dur, ne m'en dit jamais que le grand. Grâce à ces ménagements, je restai moi, je restai jeune, continuant ma vie d'enfance avec ces petites vies qui sont la jeunesse même. Il y gagnait. Quelle que fût sa journée, il lui fallait bien le soir rentrer dans un monde plus doux, savoir quelle plante avait fleuri, voir nos animaux domestiques qui ne manquaient pas d'arriver.

« Nous traversâmes ainsi l'épreuve de 51, aggravée de 93 dont il écrivait l'histoire. En exhumant tous ces morts, aurait-il vécu lui-même sans cette lutte tendre et timide de la Nature contre l'Histoire. Dans notre beau désert de Nantes, sans lui troubler son labeur, elle était là, l'enveloppait. En un certain jour des plus noirs, je me souviens que tout à coup une chose inattendue apporta d'autres pensées. C'était une splendide fleur de nos grands magnolias, qui, descendant de son arbre, était venue dans le salon, triomphale, et s'était fait maîtresse de la maison. Malgré les portes fermées, jusqu'aux pièces les plus retirées, elle l'avait envahie de son odeur pénétrante, si fondante et si suave, enivrant l'air d'un puissant parfum d'amour et de vie.

« De plus en plus mêlés de cœur, comment travailler à part? Notre union, dès le premier jour, ce semble, complète et profonde, se resserrait cependant, devenait plus intime encore. J'avais gagné un peu de lui, je ne sais quoi de cette flamme qui fait ou refait la vie. La mienne était plus animée vers 56 et 57, dans ces années dont la chaleur (comme l'a dit notre maître Schacht) fit dix ans de fécondité. Moi qui n'avais point songé que je dusse écrire jamais, si faible et si maladive, voilà qu'un matin j'ai la plume. Voilà que j'écris pour lui. Simples notes et pur essai. Rien moins pourtant que mon âme, indistincte avec la Nature, mêlée aux fleurs, aux oiseaux, à toute chose innocente. Il fut tenté, me suivit. Nous ne nous quittions jamais. Nous fîmes ce beau voyage, — trop rapide et à tire-d'aile, — *l'Oiseau, l'Insecte, la Mer.* — Cela a enlevé le monde... Oh! que je sais bien pourquoi!

« Mais je n'étais pas très-forte. Et toujours je retombais. Je ne pouvais croire à la vie. Je regrettais seulement de ne pouvoir lui donner ce qui m'était le plus cher, ce qui m'avait toujours suivi, mes rêves sur l'âme des fleurs. Au printemps de 58, malade, j'essayai d'écrire quelque chose de *la Mort des plantes*, de leur fin si résignée, qui, sans bruit, si doucement, les rend à la Mère commune. Dans l'été de 59, entre la mer et la Gironde, sur les landes embaumées, parmi les senteurs d'immortelles, j'aurais voulu essayer un fin sujet : *la Flore des dunes*. Charmant sujet qui, de tout temps, fut l'âme de la contrée. Cette âme est toute en sa légende que je me faisais chanter. C'est la belle fille du roi qui tombe à la grande mer. Mais elle refleurit à la côte, et refleurira toujours dans le sauvage romarin, plein de parfum, d'esprit amer, de tristesse et de regret.

« Dans ce beau lieu solennel de l'entrée de la Gironde, que d'idées me venaient au cœur! Du moins, j'en réalisai une. Je donnai à mon mari (pour l'éducation de *la Femme*, qu'alors il allait publier) *le Cycle annuel de la plante*, la succession de ses formes dans le cadre de l'année. La plante est comme une épouse de l'homme qui le suit pas à pas. Fraîche au printemps, charme des yeux, elle le soutient l'été, elle est sa bonne nourrice; puis, fatigué à l'automne, elle le relève, lui verse la joie, le repos, l'oubli.

« Rien n'éveillait plus ma pensée que nos hivers à Hyères, où mon mari venait pour moi demander à la nature un sursis, un peu de vie. Sans bouger, je voyais là fleurir les cinq parties du monde. La diversité des climats disparaît. La géographie y est supprimée, démentie. Énorme Babel de fleurs, dont l'esprit est confondu. On dirait le point central d'où la Nature distribue les plantes à toute la terre.

« L'Afrique y est représentée par des palmiers gigantesques, chargés de leurs régimes d'or. L'Australie, par l'eucalyptus, qui en huit ans n'a acquis guère moins de 100 pieds de haut. Mais l'Europe, le Nord même, n'y est pas moins triomphant. Sur l'étroite place d'Hyères, le superbe palmier a l'air d'une herbe à côté de nos ormes, majestueux d'antiquité, si jeunes et si fins de feuillage, incomparables de grâce, de délicate austérité.

« Cette fraîche image du Nord dans notre Afrique de Provence était bien puissante sur moi au moment où tout à coup le feu prend sur ce beau rivage. C'est une merveilleuse féerie ; aux jardins, aux haies du chemin le plus sec, le plus poudreux, en une nuit, tout fleurit. C'est une vraie éruption et comme un volcan de fleurs. Oui, mais c'est trop fort pour moi. J'admire, je demande grâce. »

V

SUITE — LA SUISSE EN MAI 1867

V

SUITE — LA SUISSE EN MAI 1867

« Nous fuîmes et nous passâmes en Suisse. Nulle opposition plus forte. On croit avoir fait 500 lieues. Nous ne l'avions jamais vue *si* tôt (vers la fin d'avril). Nous avions le rare avantage d'avoir l'année devant nous, d'assister à la complète évolution de la saison, toute plante arrivant à son heure dans cette procession magnifique qui se refait tous les ans. Elle se pressait fort peu de commencer. Le 1er mai, ce doux moment, partout chanté, comme la fête de la vie, semblait sérieux, contenu, et j'allais dire raisonnable.

« Les prudentes vignes de Genève et de Vaud

n'étaient pas sorties; elles craignaient des retours sévères. Sur l'azur fort, un peu dur, du beau lac, planait toujours dans toutes les pompes de l'hiver la superbe ligne des neiges. C'est ainsi qu'il faut voir les monts transfigurés de cent manières dans la lumière fantastique de leurs glaciers, de leurs cristaux, communiquant encore ensemble par les neiges non interrompues, vivant entre eux de leur grande vie solitaire, avant les foules vulgaires qui vont venir l'été.

« Tout cela était si sage, si sérieux, que je me mis à l'unisson; j'éprouvai comme un grand calme. Sur ces coteaux nus encore, il semblait (après le tumulte du grand printemps de Provence) que je n'entendisse aucun bruit.

« Malgré des retours de froid, en mai, la saison marcha vite. La vigne, aux lieux garantis, sortit assez rapidement. La prairie s'émaillait de fleurs. La matinée était très-fraîche, mais le midi déjà chaud. Delà une grande harmonie. Mon mari avait un surcroît de force et d'activité. Moi, je revivais.

« L'honnêteté du pays permet aux jeunes demoiselles d'aller seules en sûreté. La femme a liberté entière. Aux heures du matin, c'était ma joie de me dérober, de partir seule et légère, de monter bravement aux prairies toutes fraîches encore et même à l'entrée des bois. Bois peu effrayants, il est vrai, peu sombres, de beaux châtaigniers dispersés sur la prairie souriante. Les bestiaux n'étaient pas encore montés vers le haut pays. J'avais quelque compassion de leur voir brouter, comme foin, des fleurs exquises et même rares; j'étais près d'en demander compte à la vache et au cheval; mais, sans doute, ces pauvres bêtes, dans leur insipide aliment, goûtaient fort les saveurs douces, les parfums sucrés de ces fleurs.

« Tout semblait dormir dans la montagne. Un grand sommet lui faisait ombre. Les montagnes opposées du lac avaient seules un rayon. Les oiseaux se levaient, mais à petit bruit. En bas, au village, s'ouvraient les étables des chèvres. Le petit chevrier sonnait l'appel, de sa corne rustique. Dès le printemps, les chèvres de Veytaux font tous les jours leur ascension, et volontiers nous suivions ensemble un moment le même chemin. Quelques poignées de sel m'en avaient fait des amies. Partout elles me reconnaissaient et sans façon me demandaient.

« Le même lieu m'attirait toujours, je ne sais pourquoi. J'en aimais le soir les tristesses, le matin les gaietés du réveil, la surprise d'un paysage tout nouveau. Ne venant aux autres voyages qu'à l'automne, et ne trouvant plus que la pâle fleur du safran, c'était pour moi une chose charmante de voir fleurir la montagne. Je n'en connaissais guère les plantes. Les images n'apprennent rien. Il faut voir. Quelle émotion d'aller, seule avec son désir, en quête de l'inconnu !

« A Chambabo (près de Veytaux), sous les châtaigniers, je trouvais déjà un parterre. Cet arbre puissant, tolère, souffre sous lui les petits. Les plantes se louent de son abri. L'hiver il les couvre, les cache, sous ses feuilles entassées. Et il les nourrit l'été de ses débris, de son humus. Il leur fait de la bonne terre. Cela les enhardit, sans doute ; plusieurs s'établissent sur lui. Il ne s'en fâche pas, accepte ces plantes indiscrètes, entre lesquelles son vieux tronc paraît comme un bouquet de fleurs.

« Les mélitis surtout ne voulaient fleurir qu'à ses pieds. Même à l'ombre, aux replis humides, la raiponce, sur sa tige mince, dressait son épi d'un blanc froid. Près d'elle, le sceau de-Salomon égrainait ses blanches clochettes. Nulle part l'ancolie n'est plus belle. C'est, dans les profondeurs de la pourpre violette la richesse de l'or le plus chaud. Lourdes de poussière, ses étamines se penchaient dans leur mélancolie d'amour. Quand le soleil couchant traverse la fleur de ses rayons obliques, la pourpre se fait lumineuse ; on voit comme circuler le sang, et du dedans au dehors rayonner une âme électrique.

« Ces exercices de chaque jour me charmaient, mais d'autant plus me tentaient pour monter plus haut. Et c'est justement leur attrait qui fit mon infidélité. Je désirais leurs sœurs des Alpes. Les pentes étaient difficiles au-dessus. C'est un escalier gigantesque de 3,000 pieds, qui par une forêt de hêtres, vous mène aux hautes prairies. J'essayais chaque matin, je cherchais, espérant toujours surprendre quelque fille de l'Alpe, égarée plus bas, aux clairières. Mais je n'arrivais jamais. Je retombais épuisée.

« Toute passion croît par l'obstacle. La nuit, le jour, me revenait cette Flore de la lumière, éthérée, qui peut se passer de tout secours inférieur, vivant d'un rayon, du pur regard du soleil. Ah ! si la vie a des secrets, n'est-ce pas là qu'on peut les surprendre? Ces sublimes solitaires n'ont-elles pas la confidence de cent choses que la Nature n'a daigné dire à leurs sœurs, les fleurs plus grossières d'en bas?

« S'il était de hautes vallées d'accès facile où ma faiblesse sans effort, sans ce mortel travail d'ascensions inutiles, rencontrât le sanctuaire de la Flore des hautes Alpes? — A ce vœu, les fort beaux livres de Tschudi et de Rambert me répondaient : « C'est l'Engadine. »

« Leurs peintures nobles, sévères, m'attiraient infiniment. Cette contrée singulière de vallées plus élevées que la plupart des montagnes, ce plain-pied avec les glaciers, que vous touchez de la main, ces fleurs étranges qui ne vivent qu'en ayant neuf mois de neige, la force héroïque surtout de l'arole, de ce pin des glaces, tout m'avait fortement saisie.

« Cependant, l'Engadine est loin, très-loin, l'autre bout de la Suisse, et sur les confins du Tyrol. Cent choses nous rappellent à Paris, ce centre d'affaires et d'études, des choses trop longtemps ajournées. Et comment, en mai, monter au lieu le plus froid de l'Europe, quand l'Engadine est blanche encore? Nouvel obstacle ! le retard. Il nous faut attendre juillet ! Quel changement aux dispositions que nous faisions pour l'année !

« Pour comble, la belle et brune messagère qui, de Javernaz, descendait, vendait des fleurs, disait que même à Javernaz, à cette porte du Valais et devant la Dent du Midi, nos pluies étaient là-haut des

neiges Qu'était-ce donc de l'Engadine dans une
année pluvieuse? Aurait-elle un moment d'été? Ne
garderait-elle pas son triste linceul d'hiver?

« Que de raisons raisonnables pour ne pas faire
ce voyage ! Mais je ne sais quoi me disait que l'on
n'en aurait pas regret. Plus la chose était difficile, et plus me croissait le désir. Je me décidai à
prendre pour confident mon mari, à lui faire mon
aveu complet. Je lui dis naïvement : « J'ai bien
envie de l'Engadine ! »

La fantaisie d'une personne qui n'a jamais de
fantaisie méritait grande attention C'était plus
qu'une idée; c'était une passion, — soudaine,
il est vrai, mais bien vive. Que la sagesse fût
tentée, cela surprit, cela toucha. Il ne s'agissait
pas d'un caprice qu'on élude ou distrait. La chose
était bien sérieuse, pas moins que l'amour lui-
même. Tous les signes y étaient, le plus grave
surtout, certaine émotion contenue d'un sentiment
fort, qui d'autant mieux se garde, n'en dit que la
moitié.

Je trouvais des raisons d'entrer dans cet amour.
Il s'agissait de voir ce coin si retiré que naguère
on nommait « la contrée inconnue des Alpes. »
(Papon, 1857.) Il s'agissait de voir ces lacs mystérieux, qui envoient à trois mers le Rhin, l'Adda

et l'Inn (c'est-à-dire le Danube). Il s'agissait surtout de retrouver un nid, une fine France antique, sous la lourde Allemagne. Fleur singulière des neiges, qui vit encore un jour, ne sera plus demain.

Je roulais ces pensées, et ne dis pas un mot. Mais à ce moment même, voyant un savant Suisse, qui connaît très-bien le pays, je dis : « Monsieur, indiquez-moi un court chemin vers l'Engadine. »

VI

L'ATTENTE AU PIED DE LA MONTAGNE — AMOUR
DES PLANTES ALPINES (JUIN 1867)

VI

L'ATTENTE AU PIED DE LA MONTAGNE — AMOUR DES PLANTES ALPINES (JUIN 1867)

La saison forçait d'ajourner. Je dus à ce retard de passer le mois de juin dans un aimable lieu, à Bex, la porte du Valais. J'en eus ce que rarement, bien rarement, j'ai eu en ce monde, un moment pour me recueillir.

Après le lac, c'est un lieu de repos. La vue n'est plus immense, comme à Lausanne, ni trop éblouissante. On n'y voit plus le drame et le combat des deux rivages, comme entre Vevay, Meillerie. On se sent arrivé quelque part, et on s'y arrête. Le Rhône, échappé du Valais, moins étouffé, se reconnaît en plaine, respire avant de se jeter au lac. Le paysage est tout humain, point écrasant, noble et plein de grandeur. On se trouve sous la Dent de Morcles, et devant la Dent du Midi, mais à une heureuse distance. Ces hautes cimes, sous leur verte ceinture de hêtres et de sapins, ont, au pied, pour premier gradin, de fort belles collines, vêtues de châtaigniers. Sur Bex même, à 5,000 pieds, fleurit, malgré cette hauteur, le lieu chéri des botanistes, la prairie de Javernaz.

J'avais le bonheur de toucher à la fin de mon œuvre historique, le regret de m'en séparer. Déjà je la sentais absente, qui s'en allait au vaste monde. Mais je me restais, moi. C'était bien quelque chose, après un tel labeur qui pouvait user plusieurs vies, de retrouver la mienne, mes puissances en leur plénitude, dans cette fécondité croissante, tellement augmentée aux dix dernières années.

Le temps m'avait servi. Je ne regrettais rien. Cependant au rayon se mêlaient quelques ombres. Ainsi que la Dent du Midi, de son sublime et noir granit, sans attrister le paysage, par moments le rend sérieux, l'âge m'avertissait, les pensées d'avenir. Dans un point réservé surtout vibrait mon cœur. Si j'avais l'aile encore, autant qu'oiseau des Alpes, la branche où je posais, tremblante, me faisait sentir à toute heure que rien n'est solide ici-bas.

« Tel le ciel, et tel l'homme. » Cette année incertaine flottait aussi du printemps à l'été, un jour gai, un jour sombre, ne pouvait jamais se fixer. Bex est très-chaud en juin. Le climat, un peu énervant, était moins tempéré qu'amolli d'ondées tièdes, douces aux prés et aux fleurs, trop douces et paresseuses qui faisaient de la vie un rêve.

La nature parlait seule. Il fallait l'écouter. Je quittai un moment la trouble histoire humaine, si dure dans le passé, si dure dans le présent. J'en pris une moins sombre, d'harmonie plus charmante, qui allait mieux aux fleurs dont j'étais entouré. La montagne de tous côtés nous appelait. L'élan ne manquait pas, ni les vastes projets. Sans la saison, peut-être nous aurions fait de grandes choses. Mais, une fois, la chaleur nous tenait; une autre fois, la pluie. En étais-je affligé? pas trop, je dois le dire. Rien n'était plus joli que ces chaudes ondées, vues du balcon. Nous avions moins de fleurs, mais d'autant mieux peut-être, nous vivions avec elles en grande intimité, les interrogeant mieux, en aspirant l'esprit et les parfums.

Aimées et désirées, ces belles créatures, si nous n'allions à elles, modestement venaient à nous. La messagère de Gryon, aimable et sérieuse (une Vaudoise déjà du Valais et d'aspect italien), nous apportait souvent les dernières nées de Javernaz. Peu heureuse dans sa famille, elle vivait avec les plantes sur les plus hautes prairies, et sa véritable maison c'étaient les *gogants*, ces sapins qu'on y laisse dans leur grandeur pour y servir parfois d'abri. Elle y errait, cherchait, sans voir âme vivante qu'une vache hasardeuse peut-être, parfois le grand aigle des Alpes. Cette vie de solitude dans des lieux nullement vulgaires donnait à sa beauté brune je ne sais quelle noblesse rustique. Certaine douceur triste était dans ses beaux yeux. Elle n'était pas sans culture, et même se piquait de latin. Avec les noms vulgaires, elle donnait les noms savants (peu altérés?). Ses fleurs ne l'étaient pas. Elles arrivaient charmantes, fraîches et vives, comme à la prairie.

J'ai la vue excellente, mais point fine, peu propre à voir ce petit monde d'imperceptible détail. Même guidé, je voyais peu et mal. Un matin, un maître me vint de Javernaz, m'enseigna, fut pour moi la révélation décisive. Cet interprète des fleurs était une fleur, la gentiane bleue, si grave, historiée de noir. Frappant hiéroglyphe qui saisit mon attention. Je regardai du cœur. Je fus frappé. Je vis.

J'avais les meilleurs livres, et plusieurs fort récents. Ce que j'avais lu dans les fleurs, je le cherchais ensuite, le relisais chez eux. Mais qu'ils parlaient moins bien! et quel barbare langage! Ils conservent soigneusement les noms que l'âge d'ignorance donna aux organes des fleurs. Noms absurdes, qui, non-seulement retardent les novices, mais pour tous jettent sur les faits un louche et une ombre fâcheuse. Ils désignent le mâle par des noms féminins (anthères, étamines, etc.), par des masculins la femelle (pistil, stigmates, etc.).

Nul de ces noms (pistil, étamines) ne se rapporte aux formes des objets.

Pourquoi a-t-on gardé ce patois ridicule? Par routine sans doute, mais aussi pour voiler ces mystères innocents, surtout pour obscurcir ce qui rapproche tant les fleurs des animaux. En tel point inférieures aux polypes et aux rayonnés, en d'autres elles leur sont supérieures. Il eût fallu sauter le fossé sacré des trois Règnes, la vieille division scolastique. Mais que devient-il ce fossé, aujourd'hui que l'on sait que certains végétaux sont animaux quatre heures par jour?

Mon premier regard d'ignorant sur l'abrégé officiel et universitaire (excellent) de M. Duchartre (1866) m'apprit une grande chose. Que sait-on de la vie d'assimilation qui nourrit? Rien du tout. Il le dit en deux pages (707, 760). — Que sait-on de l'amour, de la reproduction? Tout, ou du moins beaucoup. Il y met trois cents pages lumineuses et de grands détails (426-689).

La classification, de trois cents pages encore, repose sur les seuls caractères des organes de génération.

La botanique, en résumé, n'est autre chose jusqu'ici que la science de l'amour.

Science peu séparée de la zoologie. Elles se traduisent l'une l'autre. L'amour est le terrain, à peu près indistinct, où l'animal est fleur, la fleur est animée, et parfois au-dessus du bas monde animal, identique au plus haut, à l'homme.

La nutrition est un mystère. L'amour n'en est pas un. La nature n'y a rien caché. C'est son œuvre de lumière, où elle se manifeste. Elle n'y a mis nul voile, aucune difficulté, si ce n'est la petitesse, souvent extrême, de l'amant et de l'aimée. Elle semble avoir pris plaisir à varier infiniment la scène et les petits acteurs, comme pour mieux éclaircir le drame. Trois cent mille espèces de formes (c'est le nombre des fleurs connues) n'ont pas épuisé son ardeur d'invention, le bonheur visible qu'elle a de révéler l'amour.

Voici comme la chose se passe. La feuille, un jour gaie, heureuse de chaleur et de lumière, se roule, et fait d'elle un foyer, berceau tiède, et molle alcôve, où va naître un jeune monde. De son tissu gonflé surgit la petite femelle (pistil), fine matrice un peu allongée, déjà pourvue de ses ovules, mais close virginalement. Autour d'elle et vers le jour s'élancent des petits jets vivants, ses amants, ses prétendants, qui lui font une noble cour.

Presque toujours le petit mâle, élancé vers le soleil, va plus haut et plus loin qu'*elle*. Il subit deux attractions, la lumière de ce beau rayon qui le dore, l'enivre de vie, et la douce chaleur intérieure du tendre foyer maternel qui le rappelle au dedans, le rapproche de l'objet aimé. Voilà deux tentations. La liberté, la vie mobile (où flotte sa tête légère), cette gloire de lumière, qui semble le dieu des fleurs, ne doivent-elles pas prévaloir? Oui, nous dirait la physique. L'amour dit non, et l'amant fait ce que l'homme ferait. Il la préfère, il s'incline vers elle (se recourbe même) et souvent avec effort, se détournant du rayon lumineux vers le fonds obscur, la cherchant, et, par ce seul signe, disant qu'elle est plus que le monde, l'amour plus que le soleil.

VII

SUITE DES PLANTES ALPINES — PROGRÈS
DE LEURS FLEURS DANS L'AMOUR

VII

SUITE DES PLANTES ALPINES — PROGRÈS DE LEURS FLEURS DANS L'AMOUR

Chez d'autres fleurs, ce n'est pas le mâle qui la dépasse, qui va plus loin et plus haut. C'est elle qui domine tout. Souveraine et colossale par rapport aux petits amants, elle semble leur opposer une difficulté éternelle.

C'est le spectacle qu'offrait ma noble gentiane bleue. Fleur austère et de suc amer, où l'amour était plein d'obstacles. La scène était demi-tragique. De la profonde urne d'azur (chagrinée de noir à sa base), s'élevait avec majesté la dame, d'un blanc virginal, nullement d'un blanc de lait, mais de teinte bien moins douce, où sa verte séve mêlait une nuance sévère. Eux, fort petits, faiblement colorés d'un or très-pâle, l'entouraient d'en bas, l'étreignaient, mais fort inutilement. Elle balançait sur eux, d'une hauteur inaccessible, sa double tête, ou plutôt deux charmantes bouches d'amour, dans une superbe collerette, très-fantasquement échancrée.

J'eus pitié de ces malheureux. Elle surplombait, s'étalait par-dessus en parasol. Cela leur tait tout accès. S'ils s'allongeaient, s'ils montaient, ils n'y gagnaient pas grand'chose, étant repoussés par les bords. Elle était comme le pic, si difficile, du mont Viso, qui, débordant de tous côtés, décourage l'ascension et la rend presque impossible.

On ferait un tort réel à l'imperceptible amant, si l'on croyait sa passion en rapport avec sa grosseur. Le désir lui crée des langues. Il parle par sa couleur. Il parle par sa chaleur. Il ne dit pas fadement, comme nous : « Mes feux, ma flamme. » Mais il change la température autour de la bien-aimée. Elle sent une flamme très-douce, qui est *lui* et l'amour même. Lamarck l'observa, le premier, dans la fleur de l'arum. La luciole de même, dans la nuit, soupire en lumière. Les délicats thermomètres de Walferdin, que l'on place dans la fleur entre les amants, nous permettent de mesurer les degrés de la passion. Elle dépasse infiniment tout ce qu'on sait des animaux. Dans telle fleur (la capucine), le mâle en dix heures consume énormément d'oxygène, seize fois son propre volume. Qu'est-ce donc des fleurs des tropiques, de la furie végétale de Java ou de Bornéo?

Cette chaleur certainement amollit et attendrit. Ce n'est pas assez. Tout amour a sa magie, ses secrets, ses arts de fascination. Les oiseaux ont le plumage, le chant. Tous les animaux ont la grâce du mouvement. Par elle, ils exercent alors une sorte de magnétisme. Les parfums sont ce magnétisme dans l'amour végétal, c'est sa puissante incantation. Il la prie, il la fascine, l'enivre de ses essences. Langue divine, en vérité, ravissante, irrésistible. Si nous autres (étrangers à ce délicat petit monde), nous sommes tellement sensibles à ses émanations suaves, si la femme en est parfois émue, malgré elle, troublée, qu'est-ce de la petite *femme-fleur?* Combien, pénétrée, imbue de cette âme odorante qui l'entoure, qui l'envahit, doit-elle être vaincue d'avance, et plus que vaincue, — transformée.

Le malheur, chez ma gentiane, c'est que cette séduction des parfums n'y existait pas. Ses amants n'avaient pas la chance de l'ébranler, de la troubler de cette enivrante magie. Donc, nul espoir sans un miracle. Il eût fallu que séchés, consumés de leur passion, ou d'un regard du soleil, devenus poudre légère, ils fussent arrachés d'elle et enlevés par le vent. Il eût fallu que flottants dans l'air, leur course incertaine les ramenât, par une chance inespérée, admirable, justement vers l'objet aimé, et que, par une chance plus forte, justement ils arrivassent à retomber dans son sein. On pouvait jurer, parier bien plus d'un million contre un, que cela ne se ferait pas, et que la vierge hautaine vivrait et mourrait solitaire.

Ils n'avaient qu'une chose pour eux, c'était leur énorme nombre. A l'état de poussière vivante, séparés, multipliés à l'infini, ils avaient, dans cet infini une chance. Le sort pouvait faire un heureux. Et voilà pourquoi ces mâles se multiplient tellement. Il faut des millions d'amants, de concurrents, pour que l'amour arrive à faire un mari.

A eux donc de prier le vent, de dire : « Orages désirés ! levez-vous ! emportez-nous !... » — Ils devaient préalablement, jouets de l'air, nager, flotter, presque tous à coup sûr périr. — N'importe !

ils voulaient monter, à tout prix, afin de pouvoir descendre. Elle ne devait recevoir que ce qui viendrait du ciel. J'espérais peu. Le miracle pourtant se fit. Dieu est grand!

———

Mais l'atome qui venait d'en haut, allait-il être bien reçu? J'en doutais. Cette orgueilleuse, strictement fermée encore, lui tiendrait-elle rigueur? on l'eût cru, mais quelle erreur! Il trouva au seuil... du miel.

Ce miel est le *oui* des fleurs, c'est leur rite universel. Il accueille, rassure et retient le fils du sort qui arrive par une si heureuse chance. On peut le traduire ainsi : « Salut! entre, ce palais est tien... Et tu l'as gagné, vainqueur! »

Quelle fortune prodigieuse pour lui, grain de poussière ailé, de retrouver ce lieu de gloire, cette alcôve en velours blanc, sombre au fond, de riche azur, d'envahir en ses mystères la fière, la sublime dame, qui le regarda de si haut!...

Peu de têtes auraient résisté à un tel changement de fortune. Comment s'expliquait-il ce miel, cette faveur inattendue? Sans nul doute orgueilleusement, croyant qu'elle voulait dire : « Je me soumets, tu es mon maître ! Tu viens de la part de Dieu. — Et je n'aurais jamais cru que tu pusses arriver là. — Tu es fort et tu es grand. »

Et, dans son orgueil encore, il croyait qu'elle disait : « Ami, que je t'ai attendu ! que j'ai rêvé, que j'ai souffert !... »

Soit qu'il eût vraiment ces pensées, soit que ce breuvage d'amour, ce miel fût devenu en lui un alcool, une ivresse, je le vis avec surprise (dans le champ du microscope) immense, et tout à coup géant. Il grandit cent fois, trois cent fois et jusqu'à mille fois sa longueur... J'en fus un moment alarmé. S'il eût continué ainsi dans cet élan prodigieux, les rôles étaient intervertis ; c'est moi qui devenais l'atome.

Mes vœux, pourtant, étaient pour lui, et tout mon cœur le secondait. Et je m'écriai : « Sois heureux !... Ah ! sois heureux ! cher atome !... Merci ; gloire à la grande âme Amour, qui donne à la fleur, à l'homme, à l'étoile, à tous les mondes, le moment de l'infini ! »

« Mais qui ne voit que tout cela est purement automatique, qu'en cela, ils sont aveugles? »

Plus que l'animal? qui le sait? Plus que l'homme? je ne le vois pas.

La fleur, en la génération, est non-seulement égale aux animaux, mais dans certaines espèces, sous tels rapports matériels, égale au mammifère, à l'homme. (*Voy*. Robin, Schacht, et la récente Dissertation de Lortet sur *la Pressia*, 1867.)

« Mais l'instinct se mêle-t-il au jeu des forces mécaniques? » Tout être, en de tels transports, pour le froid observateur, donnera lieu au même doute. Tout est alors trouble, obscur, sur la limite de deux mondes de ténèbres et de lumière. L'amour est obscurité, surtout aux moments créateurs. Même en ses rêves plus doux, il est mêlé constamment de deux éléments qui se croisent, alternent ou se confondent, le fatal et le volontaire.

L'étonnement fut grand en Europe quand, vers 1780, on apprit que les abeilles que l'on croyait travailler dans une régularité immuable et fatale, venaient de modifier leurs demeures pour faire face à une circonstance nouvelle. Elles fortifièrent, compliquèrent les ouvertures de la ruche quand leur redoutable ennemi leur arriva d'Amérique, le sphinx de la pomme de terre, extrêmement avide de miel (Huber).

Combien on serait plus surpris si l'on savait que les fleurs ont changé leurs procédés, que des espèces nouvelles ont fait une innovation, un progrès, inconnu aux espèces anciennes ? Cela est pourtant arrivé !

Je tombai dans la stupeur, le plus profond étonnement, quand rapprochant deux passages, l'un d'Alphonse de Candolle, l'autre de Duchartre, Hartig, etc., je vis qu'une immense famille de fleurs, en grande partie Alpines, ayant de très-courts étés, avait adopté un art tout nouveau d'abréger l'amour.

Dans le monde végétal, comme en celui des animaux, la femelle est un peu lente. Il semble que pendant un temps, elle hésite, mais que pourtant elle se prépare, elle songe. Songes adorablement naïfs. C'est ce miel dont j'ai parlé. Ce sont de légers gonflements qui la sortent d'elle-même. Elle fait un pas vers lui. Tout cela était peu de chose. Voici ce qui est arrivé.

Les Alpes, montagnes nouvelles (relativement à

tant d'autres) abondent en Campanules, en Composées, fleurs qui semblent nouvelles aussi et que l'on croirait créées sur la chaîne Alpine elle-même. (A. Candolle, *Géogr.*, p. 1318, 1322, 1323.)

Ces fleurs des hautes régions, dans un air raréfié, jouissent d'une pure lumière qui les affine certainement. Mais elles ont un été très-court (pour plusieurs, de cinq semaines!) qui, fondant leur manteau de neige, les expose nues au vent froid. Elles n'ont pas le temps de rêver, comme leurs molles sœurs d'en bas, comme tant d'espèces anciennes, qui sont nées avant les Alpes. Elles doivent aimer, produire sur le champ, sinon jamais. L'instinct, la nécessité ont précipité les choses. La fleur n'attend pas son amant. Elle lance à l'encontre de lui, un dard innocent, miellé, qui le prend, qui se retire en l'emmenant avec lui. (Hartig, Duchartre, Grimard, etc.)

L'enfant vient, la graine à la hâte a mûri; mais demain la neige, la glace couvriront la terre. Elle a un jour pour se répandre. Pour cela il lui faut des ailes. Sa mère l'a pourvue d'un organe nouveau, jusque-là inconnu. Je parle d'aigrettes légères qui en un moment l'emportent de tous côtés et la sauvent. Si la neige vient, la graine cachée dessous peut attendre et l'espèce est assurée.

Que ferait de plus l'instinct animal? Ou, pour

parler plus franchement, que ferait de plus la pensée de l'homme ? Des circonstances nouvelles ont fait naître chez les fleurs une prévoyance maternelle inouïe et un nouvel art d'aimer.

Cela est beau, cela est grand, disons-le, divin, sublime.

Ainsi l'amour, c'est l'amour, l'*universelle égalité* entre les êtres et les espèces. Plus d'orgueil. Il est le même, au plus haut et au plus bas, chez la fleur et chez l'étoile. Il n'y a ni haut, ni bas, — ni dans le ciel, ni dans l'amour, — qui est aussi le ciel même.

J'étais rempli de ces pensées, absorbé, pourtant ravi. Le soir venait. Les derniers rayons, à travers les bois, arrivaient, non dans la splendeur du lac qui en est inondé, mais tamisé par les feuillages de nos ombreuses collines. Nos grands châtaigniers rêveurs, déjà un peu plus obscurs, étendaient au-dessus de nous leurs blancs chatons d'un or pâle, d'une odeur douce, très-douce (véritable odeur de vie, et d'une vie plus que végétale). Ils devinrent de plus en plus sombres, et nous songeâmes à regagner la maison par les prairies. J'ai eu le bonheur cette année de trouver partout la prairie en fleur, partout la fenaison, à mesure que je montais. Rien de plus charmant, rien de plus touchant ; au fond, c'est la mort des fleurs, tranchées au moment de l'amour. A mesure que je m'élevais, à mesure que j'avançais dans les Alpes et dans l'année, je retrouvais la même scène, à Veytaux en mai, et à Bex en juin, en juillet dans le Splügen, et les hauteurs de l'Engadine. En une année, j'eus trois printemps.

Bex est le royaume des foins. Nous habitions perdus, noyés, dans une mer de prairies. Celle que nous traversions ce soir, déjà plus obscure (on ne distinguait plus les fleurs), était en partie debout, en partie coupée ; quelques travailleurs revenaient, nous disaient poliment bonsoir, ôtant leur chapeau à ma femme, et l'appelant : « Mademoiselle. »

La senteur de la prairie n'était ni forte, ni faible. Ce n'était pas le parfum du foin sec qui porte à la tête. Et ce n'était non plus l'effet trop humide du foin que l'on coupe après la pluie. Elle était simple, salubre, suave, mais dans une innocence, si j'ose dire, que n'a aucune des suavités de ce monde (que n'a pas l'odeur de rose et autres, médicamentées).

Nous revenions lentement par les petits chemins étroits qui sont à peine tracés dans cette mer végétale. Elle marchait en avant, souriante, et, je crois, heureuse. Je suivais dans un demi-songe. Sa robe, à droite et à gauche, flottait, battait l'herbe odorante, m'en envoyait les senteurs.

VIII

LE CHEMIN DES GRISONS — LA MORT
DE LA MONTAGNE

VIII

LE CHEMIN DES GRISONS — LA MORT
DE LA MONTAGNE

Juin finit, avec lui le rêve, la paresseuse étude où je m'étais plongé. Les douceurs du Valais et ses molles tiédeurs, mon voyage immobile à travers ce mystère des microscopiques amours, m'auraient retenu là et fait oublier le voyage. Mais juillet nous rouvrait le chemin des hautes contrées. L'été tardif avait enfin fondu les neiges. Notre Engadine désirée, promise, devenait accessible. Elle avait dû sortir du long hiver. Nous partîmes, mais non pas trop tard. Nous trouvâmes, en juillet, le premier printemps. Maintes fleurs ajournaient, attendaient le mois d'août. Plusieurs, impatientes, qui se risquaient déjà, avaient été saisies, gelées. Ainsi leur unique moment est bien court, et la neige recommence en septembre.

———

Les Grisons ne sont Suisses que depuis 1800. Leur pays, presque en tout, contraste avec la Suisse.

Celle-ci, sur des plaines assez basses, a des pics gigantesques. Les Grisons sont des pics moins élevés sur des vallées très-hautes. Leur pays, à vrai dire, est un immense dos de montagnes où la vallée, la plaine, est montagne elle-même, neigée six mois par an, huit mois dans l'Engadine.

L'Engadine est le lieu le plus haut de l'Europe, si haut qu'il voit sous lui, non-seulement l'Italie (Chiavenna, Como), mais le Tyrol lui-même, déjà si élevé. De cent lacs et trois cents glaciers, il donne des eaux de tous côtés, grossit le Rhin, l'Adda, mais surtout verse l'Inn, qui, baptisé bientôt du grand nom de Danube, par sept cents lieues de cours, va se jeter dans la mer Noire.

La Suisse est un pays si privilégié sur la terre, où la vie est si douce, si peu chargée, que tous ceux qui en sont, s'efforcent d'être Suisses, et, malgré la diversité de populations, s'assimilent. Les écrivains affectent aussi de tout confondre. Un seul (M. Binet) a dit très-bien que les Grisons (et surtout l'Engadine), luttent encore, et résistent à ce travail d'homogénéité. Leur pays écarté fut, dit-on, le refuge du plus antique peuple de l'Italie, l'Étrusque. Leur langue est romano-celtique. Les finales italiennes n'empêchent pas le fond d'être français presque toujours. (V. l'Évangile traduit par M. le pasteur Menni.)

Très-sagement, notre ancienne France ne confondait jamais avec les Suisses *les Ligues Grises.* Et celles-ci, réellement, tournant le dos à la Suisse allemande, regardaient l'Italie, la France. Ils émigraient surtout ici. Leurs rapports avec nous n'altéraient nullement, fortifiaient plutôt leur génie naturel qui est tout celtique-italien.

Naguère, ce pays présentait l'opposition frappante d'une race très-affinée dans une contrée très-sauvage. Les pauvres bêtes alpines, poursuivies des chasseurs, effrayées des touristes bruyants, des grimpeurs ivres, y ont fui, et plusieurs y vivent encore. Les cerfs y ont vécu jusque vers 1840. L'ours, fort inoffensif (quand il n'a pas trop faim), vit encore en ermite aux forêts de Basse-Engadine. L'innocente marmotte, détruite à peu près en Savoie, dure encore aux Grisons, aux hauts déserts, et siffle à votre approche. Sur les confins des neiges, vous voyez la perdrix plus blanche qu'elle, qui fuit, s'envole au bruit. Le chamois n'en est pas éteint.

Là naguère subsistait encore le bouquetin, ce superbe animal, le roi de la gente cornue (chèvres, chamois, etc.). Il n'est plus qu'en peinture, aux armoiries de l'Engadine. Sa race a disparu. Dans quelque temps peut-être on en dira autant de l'Engadine elle-même.

Les noms sont significatifs; *Curia* et *Chiavenna*, aux deux bouts du pays, donnent en grande partie son histoire. Curia (Coire) est la Cour de justice, le haut prétoire que Rome avait fondé dans la montagne, et que le prince-évêque tâcha de maintenir, avec peu de succès dans un pays coupé, glacé six mois par an, entre des baronages, des communes isolées et fortement démocratiques.

Chiavenna (la clef), une charmante ville italienne, tout en bas du Sphlügha et de la Maloya, au gradin le plus bas de ces énormes escaliers, ouvrait, fermait les défilés aux trois races et aux trois contrées, Allemands, Italiens et Romanches. Ceux-ci (des Ligues Grises) soutenaient que c'était la clef de leur maison, donc qu'elle était à eux. Ils luttèrent deux cents ans pour ce trop doux pays du vin et du soleil. Ils l'ont perdu enfin, sont sortis d'Italie, et de plus en plus, au contraire, ont subi la pesante influence allemande, qui, de la grosse Suisse centrale, avance et les annulle, — bienfaisante. Et c'est là le pis.

Coire est fort imposant. Assis sous de hautes collines de calcaire ruiné, déchiré par le temps, il regarde passer son Rhin, gris et brumeux, torrent encore, mais déjà fleuve.

Sur la basse ville du commerce, civilisée et protestante, où chaque année s'assemble le gouvernement du canton, domine le vieux gouvernement, l'énorme cathédrale, riche et comble du trésor des siècles. Nulle part je n'ai vu une église si conservée, qui ait pu garder tout si fidèlement. A une étonnante hauteur, et dans les combles mêmes, on voit la tribune princière et quasi royale de l'évêque. Cela semble insolent. Il trône cent pieds plus haut que Dieu. Peut-être c'est prudence. L'insurrection était écrite en droit entre les priviléges de ces violentes Ligues Grises. Le peuple expressément réservait sa souveraineté, et la réclamait par moments. Il reprenait l'autorité aux juges, et lui-même exerçait ses jugements révolutionnaires, puis tout rentrait dans le repos. Des trois ligues, une portait le nom fort expressif, *Lia dollas dretturas*, ligue des Droitures ou jugements.

———

Entre tous les chemins, je préfère les grandes voies historiques où l'humanité a passé. Pour entrer, par exemple, en Italie, j'aime mieux les antiques passages, graduels, légitimes, le mont Cenis, le Saint-Gothard, que le saut violent du Simplon. De même, allant vers l'Engadine, je pris le chemin ordinaire, le Julier. J'ajournai l'autre route, la merveilleuse voie du Sphlügha, voie italienne qui m'aurait ébloui, m'eût fait perdre de vue ce qui m'intéressait, l'opposition de la Suisse aux Grisons, l'originalité spéciale du pays où j'entrais.

Le chemin du Julier peut se traverser en tout temps. De là la préférence qu'on eut toujours pour lui. Bien plus ancien que Jules César, il fut nommé ainsi, dit-on, du nom d'un dieu des Celtes qui, au point le plus haut, ont posé deux menhirs. Qu'on y trouve des monnaies romaines, cela dit seulement qu'après les Celtes, les Romains occupèrent ce lieu et y firent la voie régulière.

Pendant le Moyen âge, croisés, marchands ou pèlerins, tous suivaient ce chemin, très-désert pour les gens du Rhin, de la Souabe, qui allaient à Venise, la grande porte de l'Orient, vers la Grèce ou l'Égypte, Chypre, Jérusalem.

Au chemin du Julier, on voit du premier coup que la terre n'est point allemande. Le trait fort spécial que dit très-bien Tacite dans sa *Germania*, et qui n'a pas changé, c'est que les Allemands isolent volontiers leurs maisons. Les Velches, au contraire, les Gallo-Italiens se groupent, habitent par villages ; *la vie urbaine* est le trait de leurs races.

Venant du côté de Zürich, et par le lac de Wallenstadt, j'avais vu (spécialement sur une belle prairie qui domine de très-haut ce lac) des chalets par centaines, tous isolés, des maisons séparées, sans nul souci de voisinage, nullement alignées, mais jetées au contraire dans des expositions diverses selon l'utilité, le goût, la fantaisie. Ils vivent là cependant ensemble. C'est toujours *la tribu.* Mais pour l'Italo-Celte, l'idéal est *la ville.*

Sur la terre des Grisons, de Coire jusqu'au Julier, et au delà, dans l'Engadine, tout est massé en villages. C'est l'instinct sociable, aimable de la race. Et c'est aussi sans doute un besoin de sécurité. Une longue paix n'a rien changé aux habitudes de prudence. On ne s'écarte pas. La route qui domine de haut montre très-bien en bas que, d'un village à l'autre, la prairie est un désert. On dirait que les bandes espagnoles, autrichiennes, le parti protestant, les armées catholiques, Rohan et Richelieu se disputent encore le pays.

L'extrême élévation où l'on chemine ne serait nullement sensible, si l'on n'en était averti par la nudité de maints lieux qui ne peuvent avoir ni culture, ni arbres fruitiers. Prairies maigres et petits bestiaux. Médiocres forêts, visiblement humides, qui ont le pied dans des tourbières. De là l'air maladif, malsain, des picéas, qu'épuisent les plantes parasites. Souvent ils sont drapés tristement du faux luxe des blanchâtres lichens qui leur pendent de tous côtés. C'est ainsi qu'aux marais de la Louisiane, les cyprières se couvrent du voile de la Barbe espagnole.

Partout où cinq ou six maisons forment un hameau, s'élève un haut clocher, une église ambitieuse. Le vieux catholicisme pèse encore lourdement dans une grande partie du pays. Ces églises, de goût italien, sont barbouillées de fresques par le peintre qui passe, et plusieurs agréablement. Parfois pour deux hameaux rapprochés une seule église. Mais, beaucoup plus souvent, les communes rivales ont mis leur vanité à avoir des églises à part. Le besoin d'art se voit. Ces clochers, à mi-côte, dans des positions dominantes, sont parfois d'un fort bel effet. D'en haut, je remarquai un village qui, ayant déjà sur son torrent une vieille église suffisante, s'en est bâti une à mi-côte sur un théâtre de collines.

Peu après le célèbre lieu où les trois Ligues Grises (en 1471) jurèrent leur union, le paysage a pris de l'intérêt, de la grandeur. On a toujours en bas, à gauche ou à droite, un beau torrent, fougueux et écumeux, qui va par bonds, par brusques chutes, parfois vous donne le vertige des profonds abîmes où il plonge. Il est visiblement très-pur, très-finement teinté de vert d'eau. Grand contraste avec le Rhin sombre, presque ardoise qu'on a vu naguère, le Rhin gris de Bâle ou Strasbourg. Eh bien! ce torrent pur, c'est cependant le Rhin, avant les noirs mélanges qu'il subira plus bas. Comment pourtant est-il si clair, emportant, comme il fait, tant de débris, perçant violemment son chemin entre les calcaires ruinés? j'ai peine à le comprendre. Je le voyais courir sous des pentes, demi-démolies, effroyables de dégradation, qui ne tenaient à rien. Je frémis en voyant quatre petites chèvres, d'une étonnante adresse, qui, avec une grâce hasardeuse et légère, se risquaient, descendaient ces terres croulantes, arrivaient, par un saut parfois, sur un point vert. Un tel danger pour un brin d'herbe!

Le Rhin ici est italien. L'allemand a cessé. Le sonore italien, mêlé au vieux romanche, s'entend seul; la montée sauvage, sans prairie désormais, sans arbres, s'égaye, s'éclaire, si j'ose dire, de cette belle langue de lumière. Elle allait bien aussi avec les fines fleurs, l'exquise et sobre flore alpine qui commençait. De très-jolis enfants, aux noirs yeux italiens, nous jetaient ces mots et ces fleurs.

Mais peu à peu tout cesse, plus d'enfants, et plus d'herbes. Rien que pierres. Grand silence. Par le plus beau juillet, le plus brillant soleil, la route était lugubre. Le cirque de Julier, où elle passe, est un vaste théâtre de ruine et de démolition.

Déjà sur toute cette route, une idée me venait, me revenait souvent : *la mort de la montagne*. Des forêts maladives soutenaient mal les terres. Des taillis clair-semés, faibles débris des forêts disparues, plus haut tâchaient en vain de retarder les chutes. De vastes lapiaz (ils appellent ainsi ces lieux dévastés, ravinés) laissaient aller, pleuvaient la pierre, la terre. Si l'avalanche de neige n'est pas à craindre sur cette route, celle de terre et de poussière, de débris émiettés, menace. On passe des abris de poutres, qui reçoivent les démolitions, les écoulent par-dessous la route. C'est plus funèbre que les neiges.

Ces lapiaz, communs aux Alpes et au Jura, dans leur surface décharnée, ont souvent des figures bizarrement régulières. Les calcaires cristallins laissent en disparaissant des alvéoles de pierres, comme une triste ruche de la stérilité. Là où le terrain fut du spath, les saillies plus irrégulières offrent un labyrinthe de ruines et de désolation. Les parties dures des fragments de coquille, ou des silex tranchants, s'obstinent à résister, hérissent la roche de minces cloisons enchevêtrées entre elles. Elle offre le dessin d'un désolant squelette.

Dans les hauteurs on voit les *cimetières du diable*, comme on les nomme en Suisse, ces chaos de débris qu'on dirait des ossements. Os secs, mobiles, qui manquent du repos des tombeaux. Le soleil trop brillant, et l'inexorable lumière, les éclaire et les sèche encore, n'y peut rien faire venir. Le pâtre et le chasseur les fuient. On n'y peut pas marcher. Si la vache s'y jette effrayée par l'orage, comment la retrouver dans ce dédale de pierre? L'eau y passe sans former des sources. Le roc fissuré lâche tout, fonte ou pluie, droit à quelque trou, quelque entonnoir étroit qui par en bas s'engouffre aux crevasses profondes.

De quatre à cinq mille pieds, ce dessous dangereux se masque de rhododendron, de sauvages genévriers. Parfois il trompe, attire par un peu de gazon, de fleurs. Sous ces fleurs l'érosion ne se fait que mieux en silence pour paraître un matin, dans le dépouillement, la nudité hideuse, où rien ne reviendra jamais.

Que la nature ressemble à l'homme ! En écrivant ceci, l'horreur me pénétrait du lapiaz moral que j'ai vu en ces temps. Si madame Guyon, dans les *Torrens*, les fleuves, les ruisseaux, reconnaît des âmes, comment les méconnaître en ces chaos arides, incurablement dévastés? Beaucoup sont à l'état d'un méchant sol stérile. Beaucoup blessent au contact d'arêtes aigres et tranchantes. Tels (et ce sont les pires) ont la mort sous les fleurs, sous le sourire l'abîme.

Mais que serait-ce si la dévastation aux degrés inférieurs, le vulgaire lapiaz d'égoïsme, de stérilité, s'étendait en dessous, et si l'érosion gagnait des masses immenses, indifférentes à tout, n'ayant ni le désir, ni le pouvoir du bien? On le craint par moments. Des cris désespérés en sont poussés de siècle en siècle. Grainville, vers 1800, écrit le *Dernier homme*. Sénancourt et Byron, tant d'autres croient à la fin du monde. Je le crois immortel. Par des points imprévus, des fibres encore jeunes qu'on ne soupçonnait pas, toujours il ressuscite. Flottant en tant de choses aujourd'hui, mais si fort sur la voie des sciences, le dix-neuvième siècle a là sa grande chance de rénovation. Il reprendra son cœur aux sources de l'esprit, et la flamme morale à force de lumière.

La Suisse a vu des montagnes entières sur plusieurs lieues de long descendre et engloutir des vallées, des villages. On se souvient toujours des terribles éboulements du Rossberg, des Diablerets, etc. Les Pyrénées n'ont pas ces catastrophes. Mais la destruction constante y est plus active peut-être. Les alternatives violentes du froid et du soleil ardent sont plus marquées que dans les Alpes. La montagne moins vêtue de glaces, est plus ravagées par les neiges. A l'économie du glacier ont succédé leurs fontes subites, de précipitation sauvage. Au printemps brusquement saisies du vent d'Afrique, elles partent en torrents, bondissent en avalanches, leurs ravages ont percé les lacs, détruit les miroirs magnifiques qui réfléchissaient les grands monts. Partout on trouve vides ces belles coupes, nobles, mais d'effet sombre. Montant à Gavarnie, on voit à chaque pas des bassins qui jadis furent des lacs étagés. Vingt petits lacs, à peine, restent aux Pyrénées. La montagne, attaquée dans son granit, s'éboule, suit ses neiges, et détruit ces criques (tout comme elle a détruit ses lacs) et par l'Èbre, l'Adour, la Garonne, fuit aux grandes mers.

Pour revenir, le cirque de Julier, plus grand que grandiose, avec ses sommets d'un gris sombre, ses neiges, en parties fondues, n'expliquait que très-lugubrement l'écroulement futur de ce grand mur des Alpes. Les neiges, ce me semble, n'y sont point des glacières. Très-peu sont d'un blanc pur; quoique cette année fût tardive, beaucoup étaient déjà altérées fortement, soulevées ici, là au contraire, mollissant, enfonçant et devenant jaunâtres, bientôt près d'arriver à la fonte grise qui va les emporter avec beaucoup de terre. Qui accuser de ces ruines? La neige seule? Celle-ci, à son tour, accusera le vent du midi, le Fœhn, le Sirocco. Le Sirocco dira : « Accuse le désert. Le Sahara m'envoie. Qu'y puis-je ? »

Pour moi, neige et vent, et désert, je les absous. Je n'accuse que l'homme.

« Moi? dit-il. Et que puis-je à ces sommets si hauts où je ne vais jamais? »

Au sommet? rien. Beaucoup aux pentes, aux gradins inférieurs où s'appuient les sommets.

La neige chaque année les chargerait sans doute.

Sans doute elle fondrait en juillet, mais sa masse rompue, divisée en ruisseaux ne ferait pas torrent si l'antique forêt qui était là eût été respectée, si la hache avait craint de détruire la barrière vivante, qu'ont longtemps respectée, honorée nos aïeux.

Aux lieux les plus sévères où l'on dit : « La nature expire, » elle avait mis la vie. Rien ne la découragera. Elle avait fait exprès des créatures robustes, puissantes et indomptables qui bravaient le climat, que dis-je? qui puisaient justement leur force en son austérité. Au cirque de Julier, désert et misérable, où tout croule, où trois huttes à peine restent encore au milieu, fuyant les pluies de pierres, là, dis-je, étaient des arbres qui soutenaient les pentes, et peut-être une belle forêt. Nous en vîmes la trace, la preuve irrécusable que les plus beaux arbres y vivaient. J'y vis avec admiration deux pins, deux superbes aroles, se touchant presque serrés fraternellement, sans doute mêlés par les racines, se soutenant d'une même vie. Ils occupaient le centre d'un assez grand enclos palissadé. Serait-ce le cimetière des cinq ou six malheureux qui vivent là? Du moins, ces nobles arbres sont leur consolation, sans doute leur clocher, leur église. On comprend à merveille qu'un temple ici puisse être un arbre. Ils dressaient vers le ciel leurs bras puissants qui semblent des candélabres à sept branches.

C'est le plus fort des arbres mais aussi le plus lent. On ne refera pas ce bois qui veut des siècles. Ceux-ci demeuraient là, comme une protestation lugubre qui disait : « Éteints pour jamais. »

IX

L'ENGADINE

IX

L'ENGADINE

Après Quito et autres villes si hautes des Cordilières, l'Engadine est, je crois, le plus élevé des lieux habités de ce globe. Pour l'Europe, cela est sûr, son plus haut village est Cresta (6,500 pieds au-dessus de la mer.)

Une vallée des Petits Cantons n'a que 1,000 pieds de moins. Mais bien mieux protégée, elle a des vergers, des cultures. L'Engadine, au contraire, traversée par les vents du nord et du midi, subit leurs violents caprices. Le vent d'est, qui vaut bien le nord, lui siffle de côté des glaciers de la

Bernina. Elle n'est, ce me semble, gardée que vers l'ouest.

Pour bien mesurer sa hauteur, il faut venir par l'Italie, remonter les cours d'eau de Como à Chiavenna, entre les châtaigniers, les vignes, et de Chiavenna à Vico-Soprano. Là on se trouve au pied de l'énorme escalier si rapide de la Maloya, tournoyant sur lui-même à travers les sapins. Et, quand ceux-ci finissent, il faut monter encore. Enfin on atteint le sommet sinistre, désolé et battu d'un vent éternel. On regarde en arrière, et l'on voit d'un coup d'œil toute cette échelle de Jacob.

En venant au contraire par le col de Julier, comme on descend un peu, on ne soupçonne pas que la descente est elle-même une haute montagne. Sylva-Plana, agréable village, de propreté extrême, de maisons blanches et riches d'apparence, vous reçoit et vous ouvre le pays favorablement. Trois petits lacs très-verts, encadrés de mélèzes et réfléchissant leur image, semblaient gais au soleil, malgré le sérieux des sommets qui dominent. Ces lacs traversés d'eaux courantes, sont fort nets et promettent de la salubrité. L'ensemble n'est pas grand pour un paysage des Alpes, mais d'une heureuse proportion. Au premier point de vue central, les bains de Saint-

Moritz, spacieux et bien soleillés, nous souriaient. Lui-même Saint-Moritz, un bourg assez peuplé, qui a quelques boutiques, quelques petits marchands, est à mi-côte vers le pied du Julier. Il domine et partage à peu près la vallée. Avant lui, après lui, on a les deux coups d'œil sur les lacs successifs, leurs prairies, leurs forêts.

Le mélèze est de ce vert clair dont on peint les jouets d'enfants. Il a une gaieté relative. On est toujours un peu surpris de trouver dans les lieux où le sapin, le picea robuste ne peuvent plus vivre, ce vert tendre, cet air de jeunesse d'un arbre qui change de feuilles tous les ans. Mais la grande surprise, ce fut de voir sous son ombre légère, les plus rares fleurs des hautes Alpes, communes ici, tout comme ailleurs est la pâquerette aux prairies. La superbe anémone jaune, tant poursuivie des botanistes, achetée à tout prix des ascensions les plus pénibles, abondait et surabondait sous la roue presque des voitures. Nos dames en jetaient de petits cris de joie, d'admiration. Ces merveilleuses fleurs, sur une pente tournée au levant, étaient moins éclairées déjà à cette heure de l'après-midi (cinq ou six heures du soir). Elles ne devaient rien aux effets du soleil, n'étaient belles que de leur beauté. Mystérieuses sous cette ombre, inclinées vers la route, elles semblaient des yeux, de grands yeux qui nous regardaient.

Frappante apparition. Cette flore singulière, exquise, que nul or ne payerait, qui ne descend jamais dans nos jardins, se trouvait toute seule en ces lieux très-sévères où tant de plantes communes ne peuvent venir. Après Saint-Moritz, la vallée élargie et d'une certaine grandeur, est étonnamment sérieuse. Le long des lacs, deux ou trois beaux villages se succèdent à l'horizon, et rien entre eux que la prairie déserte. Point de maisons sur le chemin. Nulle culture et nulle industrie. Un noble et grand silence, tel qu'on l'a sur les hauts sommets, au Righi par exemple. Mais (différence capitale), au Righi on voit tous les géants des Alpes sur sa prairie déserte, on a à qui parler; on salue Silberhorn ou la Jungfrau. Ici, la vue est recueillie, quoique belle et spacieuse. Le grand groupe de la Bernina avec tant de glaciers, de sources, est assez près, mais on ne le voit guère qu'à de rares échappées. Généralement ce groupe est retiré derrière certains rideaux de montagnes secondaires. Il est énorme, et on le cherche, on ne sait où le trouver.

Déjà Celerina, plus bas que Saint-Moritz et tout à fait en plaine, était dans l'ombre et dans l'humidité du soir qui s'élève de ces eaux nombreuses. De côté, à ma droite, à dix minutes au plus, une église, une tour, étaient bien éclairées encore. C'est leur seconde église ; et je croyais d'abord que c'était pour les catholiques, mais tout le pays est protestant. Cette seconde église, près de chaque village, garde le cimetière, est exclusivement pour les morts.

Samaden, un peu plus peuplé (de quatre cents maisons, je crois), a la poste centrale, les tribunaux et les écoles. C'est comme un chef-lieu pour la haute Engadine. Tout est très-bien bâti. Nombre de maisons honorables ont au dehors de somptueux perrons avec de belles rampes en fer et en cuivre, de jolies grilles (souvent de l'autre siècle). On dirait des hôtels. C'est cependant à tort que les livres, les guides disent que ce sont des maisons riches. L'opulence y est rare. Ce que vous admirez, c'est une aisance, lentement et honorablement gagnée, les fruits de la sagesse et de l'économie. Dans une émigration de vingt ans aux grandes villes, par la sobriété constante et les privations soutenues au milieu des plaisirs et des folies du luxe, on gagne et on rapporte cinquante ou soixante mille francs. On achète une prairie qui coûte cher, donne peu. On bâtit une bonne maison. Et il la faut très-bonne en ce pays de rude hiver. Là on s'enferme, on se repose. Quelques fleurs, élevées à grande peine, y sont le seul amusement.

Tout cela est digne et touchant. Le sérieux, le soin extrême qu'on sent en toute chose, impose en ces lieux si petits. Quand on a travaillé soi-même toute la vie, on a certain respect du repos mérité, de la retraite du travail. Samaden a la gravité des beaux villages de Hollande avec moins de richesse et une simplicité qui m'alla fort. Sur le temple, je lus dans la belle langue romance ce mot très-convenable de l'homme qui a réussi, conquis par ses efforts une position honorable : *A Dio sulet onor ed gloria.* Plus loin, sur une belle maison ornée de fleurs (qui même avait un semblant de jardin), je lus en allemand cette touchante inscription : « Celui qui a trouvé secours dans le mauvaise fortune, se rappelle la tempête, au beau temps. »

Un hôtel vous reçoit dans ce noble village, —

mieux que somptueux! — excellent. Beau linge, et bon souper. Si bon que des Anglais, amis du confortable, y restent, et oublient un peu le pays. Signe singulier, rare, de l'honnêteté de la maison : *j'y trouvai du café*, café non mêlé, véritable. Jamais, en trente ans de voyages, je n'ai trouvé cela que deux fois, la première aux Pyrénées près Gavarnie, et la seconde à Samaden dans l'hôtel de la Bernina.

Vers quatre heures du matin, je me levai sans bruit, et j'allai un moment, à travers mes vitres humides, regarder la contrée. Entre des hauteurs modérées, boisées fort inégalement et diversement éclairées, la vallée, ses prairies et petits lacs, étaient sous la basse vapeur qui se traîne, rampe à quelques pieds. Le tout, mélancolique, d'un sérieux mystère. C'était, ce n'était pas l'été. Peu à peu le soleil monta, et je vis bien la position de Samaden au point central où se croisent les routes, la principale qui suit les lacs, de la Maloya au Tyrol, et l'autre transversale, que je voyais monter vers Pontrésina, s'appuyant à sa droite aux montagnes de la Bernina. Un petit commerce s'y fait, grains allemands et vins d'Italie.

Me promenant dans Samaden, vers dix heures, j'eus besoin de demander je ne sais quoi. J'avisai dans la rue trois jeunes hommes qui causaient, gens visiblement intelligents. Ils me voyaient fort bien, sans regarder, nullement avec l'air curieux que nous avons dans nos petites villes et qui plaît peu à l'étranger. Ils me répondirent poliment, d'une manière aimable, sans faux empressement. C'étaient des gens de trente-six ans peut-être. A leur excellente mesure, on sentait bien des hommes déjà d'expérience, qui avaient vu, vécu, n'en restaient pas moins bienveillants.

L'émigration les forme. Leur modestie les fait beaucoup aimer. Je ne résiste pas au plaisir d'en citer un exemple, que je prends au très-excellent petit livre de M. Binet (de Genève).

Dernièrement, dit-il, au village de Sils-Maria, un de mes amis, regardant les livres de la maison où il logeait, y trouva un vieux manuscrit qui avait près de deux cents ans. C'étaient les souvenirs d'amitié et de bienveillance qu'un jeune étudiant de la vallée, revenant de Zurich, avait rapportés, écrits de la main de ses professeurs. On y voyait, avec les signatures de ces savants connus, des armoiries peintes avec soin. Mais, après tout cela, venaient des consolations adressées à la famille. L'intéressant jeune homme, aimé et estimé, avait été frappé de bonne heure, n'avait pas vécu.

Établis à Pontrésina, sur la route de la Bernina, dans la vue du Roseg, admirable glacier qui est tout près, ayant sous nos pieds la rencontre des torrents qui s'unissent là, nous sortîmes avant le soir vers quatre heures de l'après-midi. Il faisait un vent frais (non froid) d'ouest, et du haut du Julier un rayon du couchant le tempérait. Je fus frappé d'une chose. On travaillait à couvrir de petites planches les parapets du pont pour que la brusque alternative des gels et des dégels n'en fît éclater la maçonnerie. Cela me fit songer. Je sentis la terreur de ce profond hiver qui gèle à 40°, fait un rocher des lacs. Cela est sibérien. Et ce qui ne l'est pas, ce qui est encore pis, c'est que par moments le soleil se souvient tout à coup de l'Italie voisine. D'un rayon aigu et tranchant, coupant comme une hache, il fond sur cette terre glacée, fend, fait tout craquer, rase et brûle.

Le haut pays a trois mille âmes. Mais, sans l'émigration et ses profits, il n'aurait pu, je crois, être habité. Comment le cultiver? Une note excellente d'un habitant, M. Lilly (qui m'a été transmise par l'obligeance de M. Saratz) explique parfaitement qu'on ne peut y compter sur rien. Non-seulement la neige dure sept mois, mais elle revient souvent l'été à l'imprévu. Le seigle est trop aventuré. On essaye un peu d'orge. Moi-même j'en ai vu dans un pli au midi, fort abrité, mais c'est chose rare et incertaine. Le foin est coupé à la main plus qu'à la faux. Il est très-court, mais en revanche exquis et d'une odeur sucrée (bien naturelle, se composant de fleurs). De là un bon laitage, peu abondant. Le beurre et le fromage ne suffisent pas, on en achète ailleurs. Les bêtes bien tenues à l'étable, si bien nourries de ce foin si friand, donnent des élèves excellentes, de belles petites génisses grises, bien vendues et fort recherchées.

Un peu de travail dans le bois, et un peu de roulage, c'est tout ce qu'on peut faire. L'émigration y est la loi, la fatalité du pays.

Peu de familles entraient au service étranger. Cette honte de fournir aux rois des soldats contre leurs sujets existait peu dans l'Engadine. La race y est très-fine, n'eût pas donné les colosses grossiers chez qui on prenait les Cent Suisses. Un souffle d'Italie se trouve là d'ailleurs, une aptitude aux arts. A dix ans, à douze ans, on adressait l'enfant à Venise, Milan, Rome ou Naples, et là très-vite il exerçait l'art propre à son pays, un art charmant qu'aimaient les Italiens.

On sait que les bergers, compatriotes de Mozart, dans les montagnes de Saltzbourg, exerçaient l'art de la sculpture en bois, qu'ils ont porté à Nuremberg. Ceux du Tyrol font toujours des jouets. Canova, jeune encore, à Bassano, Trévise, s'exerçait en sculptant le beurre. Michel-Ange, dit-on, parfois sculpta la neige. Le jeune Engadinois modelait et sculptait le sucre.

Dans l'Italie oisive des dix-septième et dix-huitième siècles, la vie de cour et de société, carnaval éternel au fond peu varié, aimait fort les surprises, les petites improvisations. Aux naissances et mariages, aux bals, aux grands repas, bouquets et madrigaux pleuvaient chez la divinité du lieu. C'était une fête dans la fête quand sur la fin, en grande pompe, au bruit des instruments, arrivait le galant dessert, le madrigal de sucre, temple, grotte ou montagne, et sa forêt de fleurs, et son glacier candi. Dans le goût de l'*Aminte* et du *Pastor fido,* on y mettait des bergeries. Là tout art se mêlait. Le dessert était chanté, joué. Cela explique pourquoi Lulli, le petit apprenti dans cet art, devint musicien.

Le beau, le difficile, c'était de supprimer le temps. Il fallait répondre au caprice, improviser sans cesse, du soir au matin faire un monde, créer ces bergeries, ces Alpes, aussi vite qu'on fait un bouquet. Mais le sucre est rebelle. Sans les pâtes sucrées, tout était impossible. On n'avait pas alors les moules. Tout se faisait de main humaine, par la main hardie, délicate du jeune homme qui avait le sens de la mode, de la fantaisie féminine, de ce qui allait faire crier : Oh ! à la signora.

Rien de plus compliqué que les arts de la pâte. Rien qui se règle moins, s'apprenne moins. Il faut être *né.* Tout est don de la mère Nature. Heureux instinct, divination d'un effet incertain qui dépend d'un agent si peu fixe, le feu! Il y faut un tact étonnant, une main sûre, qui n'hésite pas trop, mais qui s'arrête à temps, et dans une mesure excellente; un rien de plus, de moins, tout est perdu. Ce point si étroit et si juste exige une décision, un éclair de bon sens, d'adresse qu'on n'a guère hors de France. La montre de l'Allemand retarde, et celle de l'Italien avance. Ils sont en deçà, au delà. Nos Gaulois d'Engadine eurent tout à fait ce don français.

Mais moins cet art s'enseigne, plus l'initiation est rude. Le maître, à tel moment, a les incertitudes, les craintes, les emportements (si l'on peut comparer) de Benvenuto Cellini, dans la scène fameuse de la fonte, où il crut tout désespéré. Malheur à l'apprenti en ces moments! On tremble pour l'enfant qui regarde et qui n'en peut mais.

Réellement son sort est très-dur, lorsque des libertés du grand air et de la montagne, il descend dans ces antres, sous le pavé des villes, aux mortelles vapeurs du charbon. La dame élégante et friande qui, dans la rue Vivienne, sent ce parfum des caves, n'a guère l'idée de la vie sombre du jeune artiste qui lui fait tout cela.

Une lueur y vient cependant, c'est, au premier succès, de voir sur la pâte, saisie et réussie à point, ces tons dorés, si chauds qu'un ancien (très-observateur) déclare avec raison « un charme pour les yeux. » Tous les peintres en délirent. Rembrandt a fait effort pour y prendre le roux, dont il chauffe ses profonds foyers.

Un pauvre enfant, naïf, Claude Lorrain, qui ne sut jamais rien, et fut toujours un simple, ayant bien regardé cette couleur, l'ayant dans les yeux, de petit pâtissier se trouva un grand peintre. De la cave du nord, il la prit, l'emporta en Italie, la mit dans ses tableaux, avec cette tendresse pour la lumière, cette magie d'amour qui fixa le soleil.

.

L'inexplicable, c'est que ces émigrants, dans la boue, les milieux corrompus, délétères, semblent ne pas trop s'altérer. Le fond est qu'à douze ans, à quatorze, de leur pays ils emportent une maîtresse, adorée et sévère, qui les garde très-bien.

La maîtresse, c'est la neige immaculée de cette vierge Bernina. Dans les caves et dans les fours noirs, chauffés à blanc, elle apparaît.

La maîtresse, c'est la Flore des Alpes, pauvre, exquise, tellement supérieure à la vulgarité d'en bas.

Cela les retient fort. Ils y pensent vingt ans, trente ans, à travers le sombre des villes. Et, au bout de tant d'aventures, ils reviennent fidèles, et encore amoureux de l'éternel hiver.

X

NEIGES ET FLEURS

X

NEIGES ET FLEURS

Le proverbe de l'Engadine : « Neuf mois d'hiver, trois mois d'enfer, » étonne quelque peu l'étranger. La chaleur, l'été même, à une telle hauteur, ne peut être accablante. Pour cette année, la saison était froide. On faisait du feu en juillet.

« Chaque matin pourtant, quelles que fussent les douceurs du poêle et le froid du dehors, je m'arrachais et je partais. La tentation était trop grande de se trouver si près des trésors de la botanique. Déjà à 6,000 pieds, il suffit d'en monter 2,000, et l'on se voit sans effort en possession de la plus haute Flore Alpine. Une vaillante dame y montait avec moi, et d'excellents amis, infatigables montagnards.

« Une fois cependant, j'allai seule au désert. Je ne sais quel attrait de solitude m'entrainait. L'Engadine a encore des retraites ignorées, perdues, de sauvages vallées, dont les seuls visiteurs sont le vent, le soleil, et que l'on pourrait croire le royaume secret des esprits. C'est ce que je cherchais. Il m'eût fallu un lieu, un horizon où nul n'eût posé le regard.

« Si quelqu'un connaît de tels lieux, c'est un seul homme, Colani, à coup sûr, fils du fameux chasseur, qui lui-même sur ses vieux jours s'est fait chasseur de plantes. Il a deux choses à lui, la tradition et la nature, la connaissance de tout arbre, toute pierre, une entente parfaite avec l'âme de la contrée. Chaque fleur est à lui d'avance. Il la prend à heure juste. Il sait à son foyer le moment où telle herbe va fleurir sur telle pente inconnue de la Bernina.

« Lui-même il avait hâte de revoir les hauts lieux qu'en cette année tardive la neige quittait à peine. Il était plus pressé que moi de se remettre en possession de la montagne. Le temps était sévère. Le vent change sans cesse dans ces régions élevées. Il tourne plusieurs fois par jour. Nous avions, en été, les bourrasques d'un froid printemps. Il gelait chaque nuit. Et la veille de notre départ, le soleil se coucha (très-mauvais signe) derrière un noir chaos, mobile et fantastique. Colani n'augurait rien de bon, mais il ne disait rien. Dans ses dents seulement, il murmurait des noms de plantes et de fleurs inconnues.

« Je me lève à quatre heures. Je suis prête avant six. Le ciel est sombre. Le vent âpre balaye la neige qui commence à tomber. N'importe, nous partons. Dans un petit char de montagne, tout ouvert par devant, immobile, je reçois la bise, aiguisée et subtile, qui entre, s'insinue, comme en fines pointes d'acier.

« A ma droite, j'avais les massifs de la Bernina. A travers les aroles frémissants, j'en voyais les blanches cimes. A gauche, plus tristes encore, se dressaient des montagnes nues, qui n'ont pas même de neige, et semblent inhospitalières. Nous avancions peu, retardés par le vent, qui nous venait d'en face. Les rares passants de la route, qui, ce jour de dimanche, allaient au prêche, s'étonnaient de voir « une dame pâle » s'en aller par un temps si dur.

« Nous arrivons à une auberge, qui, comme l'hôtel de Samaden, s'appelle l'hôtel de Bernina. C'est de là, et non de plus près qu'on a tout l'effet de cette imposante chaîne. Les glaciers se voient en dessus; ils nous montrent à nu, sur plusieurs points, leurs vives arêtes d'émeraude. Ils viennent sur vous; vous en sentez la lourdeur écrasante. On est transi rien qu'à les regarder.

« Dans ce jour de morne tristesse, rien de plus grandiose que de voir un à un tous ces géants. Leur lugubre assemblée se détachait en blancs fantômes sur le ciel gris. Un seul point noir, le pic de Bernina, se projetait en cime aiguë. De chaque côté de la route, d'anciens glaciers avaient déposé leurs décombres. On passait au milieu des morts.

« Malgré juillet, l'hôtel ressemblait à ces lieux de refuge créés pour les tourmentes d'hiver. Personne pour nous recevoir, toutes les portes fermées, les grands poêles allumés dans l'intérieur, et je ne sais quelle sourdine mise à la vie. — L'hôtesse me prit en pitié, me plongea sous les couvertures. Nous entrâmes dans la vallée.

« Là, comme frappés du doigt d'une méchante fée, les arbres cessent subitement. Le paysage perd tout horizon ; il se resserre de plus en plus entre deux hautes montagnes. La vallée est plutôt un étroit corridor qui monte au col de la Stretta. Le sentier, cahoteux, chemine péniblement. Au-dessous, bien plus bas, coule un torrent grisâtre. Les chars ne s'aventurent pas plus loin. Nous avions pris, à Bernina, le chariot rustique des faneurs. Un champ de neige nous arrêta. Je le traversai avec une joie d'enfant craintive et hardie.

« Quel contraste entre la terre et le ciel ! Du ciel farouche nous venait le grand hiver. Le grésil avait remplacé la neige. Un vent violent sifflait, nous cinglait le visage. Tout s'assombrissait sur nos têtes. — A nos pieds, au bord du champ de neige, l'image la plus aimable de la vie. L'incomparable anémone printanière se penchait dans son idéale toilette d'un lilas pâle. Son heure était déjà passée. Elle s'était comme endormie dans le rêve d'un beau moment. De blondes et longues soies, douces, légères, électriques, retombaient sur elle, enveloppaient sa maternité. — Je saluai dans cette première apparition de l'*alpe*, une âme douce et charmante qui me faisait Dieu visible dans un lieu désolé.

« Le monde peu à peu se fermait derrière nous, le désert commençait. Partout la solitude est imposante; mais, combien plus au seuil de la nature morte, si près de ces glaces éternelles !

« Mon guide, de son jarret nerveux, me devançait ; il avait trop pratiqué la montagne pour rien éprouver du trouble d'une âme neuve. Aussi ardent à la chasse aux plantes, qu'à la chasse du chamois, on eût pu voir de fauves lueurs passer dans ces yeux. Il avait des rires en lui-même et quelque chose du Faune à chaque capture. Ces fleurs, c'était une proie.

« Malgré ce ciel si triste et ce froid noir, ennemi de la vie, elles embaumaient l'air. La daphné, avec une teinte analogue au lilas, en rappelle l'odeur, la suavité pénétrante. Près d'elle, l'orchis vanille détachait de l'herbe pâle la sombre pourpre de son épi. Nul parfum plus fidèle. Même au fond d'un herbier, couché et enterré, il donne un souvenir de son âme odorante qui semble aimer encore.

« La grande gentiane bleue déjà défleurissait, avait fermé son urne. Sur la prairie régnait la gentiane de Bavière, brillante, éblouissante. Son étoile d'azur intense tremblait et scintillait. C'était toute la joie du désert en ce jour sombre. Elle me rendait le ciel absent, un ciel approfondi, doublé.

« Le lieu est fort sévère. Je n'y trouvai point la Linnée qui cherche l'abri de l'arole. Fille des bois, sous leur ombre, elle habille la roche de ses traînes ondoyantes, de ses clochettes rose pâle, légères, qui tremblent au moindre vent. Même des fleurs qu'on trouve au Julier, au Splughen (myosotis et pédiculaire rose), je ne les voyais pas ici. Les pentes y sont rapides, et n'ont pas les tourbières qui avivent ces fleurs de leurs eaux fermentées.

« Celles-ci font face à leur sort par divers moyens de prudence. Les gentianes s'ouvrent, se ferment à propos, mesurent leurs tiges au froid, à la tourmente et souvent les abrègent. La campanule en thyrse, au lieu d'égrainer ses clochettes au vent, lesserre autour d'elle en épi, s'en fait un essaim d'alvéoles. Chez d'autres les feuilles groupées à la naissance de la tige en collerette, restent près de la terre. Nourrices et pourvoyeuses, elles en ont la sagesse. Leur nourrisson, la fleur, seule, au beau jour, s'élance d'un jet vers la lumière, la boit avidement et en meurt.

« Cet âpre lieu est pourtant un refuge. Roulée par l'avalanche, souvent la petite émigrante des hauts sommets y tombe et croit y trouver plus d'abri.

Elle s'arrange, elle s'oriente, selon qu'il lui faut l'eau, la chaleur, la lumière. Mais le froid n'y est guère moins rude. L'hiver l'y suit (même en juillet). Pauvre petite *fridouline*, qui n'a fait le voyage que pour manquer encore sa destinée !...

« Nombre de fleurs hâtives avaient déjà péri, frappées du vent cruel, plus aigu aux lieux étroits que sur les sommets même. La pâle soldanelle, qu'il fouettait sans relâche, livrait à ce génie sauvage sa flexibilité, sa douceur résignée à ces rigueurs du sort.

«Cependant Colani m'avait tout à fait oubliée. Il était loin, perdu, dans le labyrinthe des roches éboulées. J'étais seule, bien seule ; j'avais ce que j'avais cherché, les tristesses de la montagne. Mais je n'en prévoyais pas le lugubre silence. Dans le clair obscur blafard du ciel neigeux rien ne bougeait. Pas un oiseau au ciel, pas un moucheron pour animer l'espace. Un sifflet me fit tressaillir (c'était une marmotte surprise), et après, le désert n'en fut que plus muet. Point de ruisseau, point d'eaux qui murmurassent. Le torrent coulait bas et loin. L'air seul, tourmenté, gémissait, ou par moment criait, éclatait en sinistres plaintes.

« Je n'avais point d'effroi, mais la sensation d'une âme entière, qui, seule avec soi-même, traverse l'infini, en retournant à Dieu. Dans mon émotion, même un désir étrange, âpre, amer, se mêla. Je m'arrêtai un peu. Si je n'avais aimé ici-bas, pourquoi redescendre?...

« Telle est l'ivresse des montées, l'attraction de ces lieux, le besoin de planer. Mais sans doute le ciel n'est pas plus près de là. Il est en nous, dans la vie innocente et la rectitude du cœur. »

XI

LA DESTINÉE DE L'ENGADINE

XI

LA DESTINÉE DE L'ENGADINE

Moins épris du désert, de ces hautes prairies, je rêvais volontiers sur la route et dans les villages. Je voulais voir des hommes. On n'en rencontrait guère. Notre Pontrésina d'en bas, avec sa poste et ses auberges, montrait encore quelques figures humaines. L'autre en haut, qui est à cinq minutes du premier, était parfaitement solitaire. Les maisons, très-propres et aisées visiblement, étaient exactement fermées, les fenêtres même (en juillet). Point d'enfants, point de chiens. Personne.

J'avais vu aussi en Hollande de beaux villages déserts. Mais la maison petite, infiniment plus riche, avec ses marbres et porcelaines, ses tableaux, ses collections, souvent sa barque et son canal, n'a pas la morne austérité de la maison de l'Engadine. Elle n'a pas non plus la noblesse rustique des vastes granges qui donnent à celles-ci je ne sais quoi de vénérable.

Ces maisons, la plupart, sont de vraies forteresses. A l'énorme épaisseur des murs, on sent que l'ennemi est là, le grand hiver, un momen arrêté, qui reprendra demain. On sent que celui qui a bâti à son retour dans le pays, habitué à un climat plus doux, ayant vécu dans la sécurité des grandes villes, ici dans le désert s'est mis parfaitement en défense. Ayant traversé tant de choses, d'épreuves et d'aventures, il me semble avoir eu dans l'esprit le problème que notre Bernard Palissy se pose aux temps dangereux où il vit. « Comment s'envelopper, s'enfermer dans un grand repos? Pour faire un abri sûr, le modèle n'est-ce pas la carapace ou la coquille dont les volutes épaisses garantissent la sûreté? »

La perfection de la coquille serait d'être absolument close, de n'avoir aucune ouverture. On en fait peu du moins. Dans cet énorme mur, comme au creux d'un rocher, du dehors au dedans va s'étrécissant l'embrasure; au fond est la fenêtre. A vrai dire, ce logis regarde surtout en dedans. Il est à lui son monde et ne désire rien du dehors. Tout au plus un jardin minime est à côté. Chaque petit carré d'herbes potagères (chose rare) est entouré de planches et semble une caisse. Les fleurs qui ont tant coûté de soins pendant neuf mois, paraissent aux meilleurs jours d'été à la fenêtre, non sans coquetterie, mais à condition d'être prêtes à rentrer.

Les maisons plus modernes, où le rez-de-chaussée est élevé, ont leur entrée d'honneur sur le perron un peu ambitieux dont j'ai parlé. Les anciennes, très-originales, ont un grand vestibule voûté, bas, sombre, qui, à gauche, ouvre sur la grange, à droite sur les pièces d'habitation. Cette grange, haute, spacieuse, avec de grands treillis en beau bois brun, sculpté, est d'un très-bel effet. La maison qui a là sa vie et sa sécurité pour une réclusion de huit mois, n'a pas cru, en reconnaissance, pouvoir trop faire pour la grange. Elle a l'air d'une église. Le bon bois résineux d'une excellente odeur est là pour le foyer. Le foin, exquis et délicat, plein de senteurs vitales, fait presque envier aux bêtes une si excellente nourriture. Celles-ci sont d'heureuses prisonnières, peu éloignées de la famille, ses commensales et ses nourrices aimées, fort choyées, bien entretenues.

D'autres portes ouvrent les cuisines, la salle où l'on reçoit, et derrière, la salle intérieure, très-garantie, exposée ou midi, où se réunit la famille. Les parois lambrissées de mélèze rougeâtre ou de l'indestructible arole, brillantes et très-polies, sont de teinte sombre et pourtant gaie qui repose parfaitement l'œil ébloui et fatigué des neiges.

Les chers souvenirs de famille sont là, le coffre héréditaire, majestueusement dans son coin, sculpté soigneusement et portant le blason de la famille. Nobles ou non, tous ont le leur, un emblème ou symbole armorial, comme autrefois chez nous tous en avaient, bourgeois, paysans même. Les portraits des parents, ancêtres, sont honorablement exposés aux murs et aux croisées.

Un bon grand poêle occupe une large place dans la chambre, monte à 5 ou 6 pieds, et l'espace vide au-dessus jusqu'au plafond est masqué d'un treillage et de rideaux très-propres. Je ne savais pourquoi, mais on me montra le mystère. Derrière le poêle se cache discrètement un étroit petit escalier qui monte au paradis. J'entends par là un entresol où, quand l'hiver sévit, le mari et la femme se réfugient, se serrent, ont la vie des marmottes, juste au-dessus du poêle. Mais ne touchant pas le plafond, il n'y laisse arriver qu'une très-agréable tiédeur.

Voilà les voluptés du Nord, sensibles, recueillies, profondes, que l'on préfère à tout. Si douces en elles-mêmes, elles valent beaucoup plus encore par le contraste de ce dehors âpre et terrible. En Russie, elles sont énervantes, fatales à la race même.

Ici, elle est fort affinée. Celui qui a vécu, voyagé et souffert, n'en doit que mieux sentir ce charme d'intérieur. Du beau Midi, des brillantes contrées où il travailla tant, aujourd'hui, j'en suis sûr, il ne lui soucie guère. Les enchantements de l'Italie, il les donnerait volontiers pour l'étroit petit escalier qui mène à ce bienheureux nid.

Le foyer, c'est ici le vrai fond de la vie et la religion elle-même. La vieille Bible romane est sur son étagère dignement respectée; et à côté Luther ou Mélanchthon gravés. Mais ceux qui ont tant vu, ne sont guère exclusifs. Et parfois j'ai trouvé la madone à côté, une image d'après Raphaël.

La vraie madone, c'est l'épouse. Qui remplit la maison? qui y met la vie, l'âme? Évidemment elle seule. Moins fatiguée que l'homme, elle entre entière au mariage, avec l'énergie du climat, la personnalité celtique. Ce n'est pas une molle Allemande. On se souvient dans le pays de la fille de Jean Colani, le fameux tueur de chamois. Pour l'œil perçant, le pied sûr, l'infaillibilité du coup, il n'eut qu'un seul rival, sa fille. Comme lui audacieuse et sauvage, mais follement ardente dans ce métier terrible, elle méprisa le mariage; elle brûla, passa, vierge et jeune.

Ulysse a voyagé, mais non pas Pénélope. Elle doit rester plus inquiète peut-être d'esprit, trouver l'hiver bien long et le pays bien solitaire. Quelques visites qu'ils font en traîneau, est-ce assez pour elle? Pour lui cela suffit. Il est amoureux du repos. Ce profond hiver même qui condamne au repos, c'est ce qui contribue encore à lui faire aimer le pays. Il en est comme un arbre, il y est engagé par des fibres et par des racines qu'on ne voit pas — nombreuses comme celles de l'arole, en tout sens étendues — profondes à l'égal du mélèze qui pointe en terre, pénètre tant qu'il peut.

L'intérieur n'est pas moins très-bon, la concorde très-grande, autant qu'on peut juger. Le ménage, excellent en Suisse en général, est ici resserré étroitement par le climat. L'homme a bien travaillé, gagné la petite fortune. La dame se conforme à ses goûts. Une petite observation me donnait d'elle l'idée bien favorable d'une femme toute à son intérieur, peu curieuse du dehors, c'est que les vitres des fenêtres, souvent bombées, rayées et fort épaisses, reçoivent bien le jour, mais ne laissent pas voir les passants. C'est exactement le contraire du miroir ou *espion* où la Flamande, assise et travaillant, observe le dehors. Encore plus le contraire du balcon clos, vitré, du petit cabinet qui déborde, surplombe, permet à l'allemande de voir, sans se lever, et derrière et devant, dans toute la longueur de la rue.

Est-ce à dire que cet homme solitaire par ses goûts, soit inhospitalier? Nullement. La porte n'est pas fermée ici de trois verrous, comme en Hollande et en d'autres pays. Je fus frappé, touché de voir que ces gens qui ont eu plus d'une épreuve, qui ont souffert, n'en restent pas aigris, n'en veulent pas à l'espèce humaine. Leur accueil est aimable pour l'étranger, leur foyer excellent pour celui qui y vient avec confiance. J'en juge surtout par un peintre de grand talent, un Slave, tête ardente et bizarre, qui fut plusieurs années le Robinson des antres, des glaciers de la Bernina. Il était leur pensée, leur constante inquiétude, l'objet des soins les plus touchants. On lui envoyait de bons vins. On l'obligeait de revenir au mauvais temps. On le gardait l'hiver. Il trouvait au village l'hospitalité fraternelle.

Les gens de l'Engadine ont contre eux une chose qui paralyse et neutralise. Ils croient que leur langue et leur race disparaîtront dans quelque temps.

Est-ce la nature qui la menace?

Ils n'ont pas à craindre, ce semble, que les glaciers qui ont jadis occupé la contrée, en refassent encore la conquête. On en raconte mainte histoire, mais déjà bien anciennes. Le Morterasch jadis engloutit des chalets. Le Roseg doit, disent-ils, son nom à une très-lugubre légende. Chaque année, avant le jour, le prêtre de Pontrésina allait y dire *la messe de rosée* (messa di rosodi), c'est-à-dire du matin, une messe des morts pour un hameau que Roseg engloutit.

Rares malheurs. Les destructions progressives sont bien plus à craindre, la diminution de la vie. Plusieurs espèces d'oiseaux, me dit M. Saratz, ont quitté l'Engadine depuis une quinzaine d'années (vers 1850?) Un animal très-fin, très-avisé, qui vit un peu sur tout le monde, la pie, avait toujours exploité la contrée. Elle a pris son parti, quitté même la basse Engadine, où le climat est doux, et transporté ailleurs son industrie.

Le bouquetin a péri. Le chamois devient rare. Où trouverait-on aujourd'hui les deux mille sept cents chamois que tua dans sa vie *Jean Marchiet*, Colani père, le roi de la montagne? Le successeur dans cette dynastie, notre Colani d'aujourd'hui, jeune alors, n'ayant eu que bien tard son avénement, s'est trouvé un roi sans royaume. Ses sujets les chamois ont péri, disparu. Il s'est rabattu sur les plantes, s'est fait chasseur de fleurs, et il en fournit les deux mondes.

Mais quelle vie différente! quel mélancolique changement! De la vie héroïque tombé à la science, devenu simplement un botaniste habile, là même en cet état nouveau qu'il s'est créé, il subit la conquête, les empiétements de l'Allemagne. La prairie solitaire, à 8,000 pieds, n'est plus un refuge assuré. Des plantes rares, uniques, ont disparu, désormais enfouies, à l'état de momies, dans ces grands cimetières que l'on dit des musées.

Est-ce l'image de l'Engadine? Survivra-t-elle? sera-t-elle un désert? ou une partie quelconque, vulgaire et prosaïque des pays allemands?

Certes, l'Allemagne, en elle-même, cette mère féconde des sciences que nous admirons tous, aimons d'un filial amour, est puissamment originale. Mais, franchement, hors d'elle, dans ses membres extérieurs, elle ne donne que vulgarité. Son extrême culture, trop disproportionnée, asservit, aplatit partout le *genius loci*. C'est un grand jardinage, compliqué et savant, qui tue toutes les petites plantes, quelquefois très-exquises, qui fleurissaient de la nature.

Dans tout le canton des Grisons, immense, le plus grand de la Suisse, il n'y a plus que quarante mille personnes qui parlent la langue native du pays. Dans la Haute-Engadine, on parle les deux langues. L'allemand règne aux églises, aux écoles, et peu à peu domine chez les générations nouvelles.

Les langues meurent. Humboldt nous raconte qu'en je ne sais quelle contrée des bords de l'Orénoque, il vit un perroquet vieux de cent ans, qui parlait une langue inconnue. C'était celle d'une peuplade disparue depuis longtemps. Un vieillard lui dit : « Quand l'oiseau et moi, serons morts, il n'y aura plus personne pour parler cette langue. »

Les *citoyens* qui votent, qui règlent les affaires et qui envoient aux assemblées de Coire, ne sont pas bien nombreux (vingt-trois seulement à Saint-Moritz, me disait-on). Les autres, simples *habitants*, n'ayant guère part à la vie politique, regardent peu l'avenir, tiennent moins à créer des familles durables. Je rencontrai fort peu d'enfants.

Il semble que déjà c'est plutôt le passé que ce pays regarde. Nulle part, je crois, les morts ne tiennent autant de place. Ces églises donnent au pays un grand charme mélancolique. Pontrésina a la sienne à mi-côte, vénérable dans la montagne, Célérina la sienne, sur un tertre isolé du plus grand effet. Bien contrairement à l'Allemagne, qui a tant mis *les morts en danse*, contrairement à l'Italie qui fait des ossuaires mainte exhibition si étrange, l'Engadine a donné aux morts la place dominante, les plus nobles demeures et la royauté du repos.

XII

L'AROLLE
DÉCADENCE DE L'ARBRE ET DE L'HOMME

XII

L'AROLLE
DÉCADENCE DE L'ARBRE ET DE L'HOMME

Pontrésina, avec son nom antique qui signifie : le Pont de la Rhétie, est posé à merveille au point où se rencontrent les deux torrents, et les deux routes des principaux glaciers. J'ai vu de plus grands paysages, aucun plus harmonique, mieux composé et mieux fait pour le peintre, que celui du Roseg, le glacier admirable, que, de Pontrésina, on voit par-dessus ces torrents.

Grâce à des amis excellents qui se gênèrent eux-mêmes pour me donner un lieu plus commode au travail, j'avais une fort belle chambre, soleillée, spacieuse, où je pouvais à l'aise lire, écrire, méditer. J'avais une fenêtre au levant, une au midi ; et chacune était un tableau. Au midi, le Roseg, à une excellente distance, au fond d'un sinueux vallon, des bois à droite, à gauche, et le long du torrent une prairie qui mène à Saint-Moritz. Au levant, la route qui monte doucement au Pontrésina supérieur, le beau et silencieux village dout j'ai parlé, puis au glacier de Morterasch qu'on ne voit point. Du village même on ne voit guère que le point dominant à mi-côte, son église des morts, bâtie peu avant 1500.

Tout cela, surtout le matin, et vers midi, avait beaucoup de charme, et quelque gaieté même. Une gaieté touchante, telle que la donne le soleil du levant, de l'été, à un pays où l'on prévoit l'hiver. La prairie, un peu pâle, à herbe fine et courte, le bois de sombre arolle, ce pont de pierre, vêtu de planches, tout avertit sérieusement.

J'avais repris mes habitudes. Je restais le matin, je lisais, travaillais. Mon livre en ce moment était a savante Géographie botanique d'A. de Candolle.

Un jour, j'y lus un mot qui me fit bien songer, que je résume ainsi : *La vulgarité prévaudra*, ira gagnant, envahira le monde.

« Les plantes communes à divers pays deviendront plus nombreuses. La Flore locale perdra l'originalité. » (803.)

« Les plantes des chemins, cultures, etc., caractériseront notre époque, et celles des forêts, des montagnes, se restreindront de plus en plus. » (806).

Et il ajoute : « Elles appartiennent à un ancien état de choses, et font place à un nouveau. » (807.)

A cet état ancien, sauvage, où tout était marqué par caractères originaux, puissamment distinctifs, succédera l'état nouveau, plus riche, moins varié, où tout ressemblera à tout.

Déjà, avant Candolle, Agassiz nous donnait un fait considérable, et un rapprochement qui en dit la portée. « Nos plantes européennes (soixante à peu près, dont plusieurs sont de mauvaises herbes) ont envahi l'Amérique et font disparaître les plantes américaines, de la même manière et en même proportion que le blanc fait disparaître l'Indien. » (Soc. de Neufch., nov. 1847.)

Un savant distingué de l'Engadine, M. Pallioppi, m'ayant fait l'honneur de venir me voir, je lui parlai de l'avenir de son pays. Il sourit tristement et me dit : « Notre langue disparaîtra. » — Mais adopter une autre langue, penser dans une langue étrangère, n'est-ce pas changer d'âme, mourir à son propre génie ?

M. le président Saratz me dit un autre mot, bien grave aussi : « Le bois nous manquera. »

Cela finirait tout, ferait du pays un désert.

Le mot me frappa fort, m'affligea et je sentis combien je m'y intéressais.

Je tâchais d'en douter. En voyant des parties fort bien boisées encore, on imagine à peine que ce malheur arrive. Cependant la vie use; le progrès de la vie humaine, les besoins variés, croissants, font une guerre universelle aux arbres. Cela se voit partout. Ici, différence spéciale, ils ne se renouvellent qu'avec une extrême lenteur.

Que sera la contrée quand la maison glacée ne se réchauffera qu'avec le bois d'en bas, amené à grands frais, lentement, avec tant de chevaux! gravissant des pentes rapides, des escaliers terribles comme celui de la Maloya ?

Mais subsistera-t-elle, cette maison? et ces villages dureront-ils, quand les bois qui les couvrent, disparaissant, laisseront arriver les torrents, les ravines d'eau, de neige ou de pierres? Les lieux même qui sont, comme Pontrésina, à une distance suffisante de la montagne, seraient-ils bien en sûreté? Qui ne sait que ces ruines subites, partant de grande hauteur, vont par énormes bonds? C'est fort utilement qu'un bois domine encore ici; le jour qu'il périrait, l'agréable village ne dormirait plus en repos.

Deux arbres admirables ont fait la vie de la contrée, l'héroïque et robuste arolle, qui, laissé à lui-même, durerait presque éternellement, — le souriant mélèze, renouvelé sans cesse, et qui, verdissant chaque année, simule la jeunesse éternelle.

Tous deux entretenus, dans ces lieux si sévères, par un miracle de nature qui demande à être expliqué. La chaleur et la vie sont chez eux concentrées, gardées, défendues, closes impénétrablement d'un habit intérieur qui vaut une maison, qui, au plus âpre hiver, leur conserve le *home*. Cette défense est la résine.

Cette famille en général des conifères ou résineux, exposée à l'extrême nord, n'y a vécu qu'à force de prudence. Ils respirent avec précaution, n'ouvrent point des trachées aux hasards de l'air extérieur. Ils entr'ouvrent seulement d'étroites meurtrières (comme les stomates des insectes). L'air, introduit lentement, combiné avec leur carbone, non-seulement les nourrit, mais cette nourriture, peu à peu épaissie, glutineuse, se fait résine, et, comme telle, les ferme au souffle de l'hiver.

Cette résine résiste au froid de trois façons. D'abord, elle est une clôture. Puis, épaissie et dense, elle ne peut geler. Enfin, comme carbone, elle ne conduit pas la chaleur, ne la laisse point échapper, la conserve au contraire, la concentre au dedans.

Impénétrable à l'air, et insoluble à l'eau, rebelle à l'électricité, la résine repousse ces trois grands dissolvants, qui changent tout dans la nature. Elle couvre et défend tout ce qui n'agit plus, chaque cellule qui meurt à son tour. — Grand agent de conservation, et cependant aussi instrument de progrès. Elle soutient la cellule jeune, lui prête de sa fixité. Et, au printemps enfin (merveille!), elle se ramollit, reprend le moelleux de la vie, redevient vivante elle-même.

DÉCADENCE DE L'ARBRE ET DE L'HOMME.

La plus fine résine entre toutes est celle du mélèze, c'est ce qu'on nomme la térébenthine de Venise, substance étonnamment subtile, pénétrante, on sait à quel point. Un atome introduit dans tout organisme vivant, pénètre à l'instant même, traverse tout le cours de la circulation.

Quel usage en tout art on fait de ces résines ! Tout peintre en a besoin. Et le musicien même s'en sert pour l'instrument à cordes, par elles fait vibrer son archet.

Mais l'arbre n'est-il pas un instrument lui-même? On est surpris de voir, dans la froide Engadine, le mélèze offrir au dedans ces chaudes teintes qui rendent le violon si agréable aux coloristes. Comme les fleurs des Alpes, il boit la lumière vive, y prend ce beau ton rouge que l'on croirait un jeune sang.

Il aspire ces couleurs par quantité de feuilles rayonnantes en faisceau d'aiguilles, plus semblables encore au polype qui, autour de lui, cherche et quête de ses petits bras. Point de gros rameaux qui l'épuisent, mais une bonne forte racine avec laquelle il plonge dans son sol favori, le micaschiste, dont les feuillets brillants sont autant de miroirs, excellents réflecteurs de chaleur, de lumière.

Pour ses graines, il est sage. Quoique mûres à l'automne, il les retient, les garde, ne les hasarde qu'au printemps. Avec ce gage d'avenir, fermé et concentré, abandonnant au vent des feuilles désormais inutiles, il plie tant que le vent le tourmente, siffle, flagellé de l'hiver. Ses rameaux, dépouillés et donnant peu de prise, vont, viennent, résistent d'autant mieux qu'ils ne résistent pas du tout.

Bien loin de s'épuiser en refaisant ses feuilles, il se produit en elles des milliers de nourrices, qui augmentent sa séve et sa vie. Il semble alors tout jeune, étranger au pays, l'enfant d'une terre plus heureuse. Son compagnon, l'arolle, si grave et immuable, ne le reconnaît plus, le regarde du fond de son antiquité.

Il est l'espoir, la joie de la montagne. Il travaille sans cesse à refaire la forêt. Mais plus il fait, plus on demande. Il est le serviteur des mille besoins de la contrée. Qui donne ces lambris ? Le mélèze. Qui fait ces nobles granges d'effet si imposant ? C'est le mélèze encore. Son beau bois odorant, digne des plus hauts arts, est très-prodiguement immolé au foyer.

Notez que la nature lui est parfois très-rude. Tout gaillard qu'il paraît, vaillant contre l'hiver, au printemps il est vulnérable. Sa séve délicate qui monte alors, craint fort un coup de froid. Cela ne manque guère aux mélèzes hasardeux qui vont jusqu'au glacier, sous l'aigre vent subtil. On les voit misérables, d'effrayante maigreur, ne pouvant vivre ni mourir.

———

Il semble que l'arolle dit alors au mélèze : « Enfant, que cherchez-vous ici ? »

Un seul être a le droit d'être au bord du glacier. Un seul peut sans mourir le regarder de près, face à face, dans les longs dix mois de l'hiver. Celui-ci fend la pierre. Et l'arbre n'en tient compte. Il s'exaspère et rage, sans pouvoir effleurer cette forte et profonde vie. Les vents vont à l'assaut; la furie des tourmentes lance, entasse la masse des neiges, ensevelit tout, non l'arolle. Il a le don royal de ne porter nul poids. On le revoit bientôt dégagé de ses neiges, les perçant, les jetant de ses bras vigoureux. Il reparaît paisible, toujours élève au ciel ses lustres magnifiques, dont chacun est orné d'un altier panache de feuilles.

En allant au glacier, l'effet est saisissant. Toute vie peu à peu diminue. Les grands arbres se font petits, pour vivre encore, humbles et faibles taillis. Le bouleau du grand Nord, de la Russie, lui-même, cet ami des frimas, devant l'Esprit sauvage, la férocité du glacier, a peur, et se fait nain. Au bord on voit l'arolle, dans sa plus grande taille, dans sa complète vie, intacte, inaltérée. Aux pentes abritées, on l'a vu languissant, surchargé de lichens. Ici au grand combat et sous les vents terribles, il quitte ce triste vêtement. Nu, comme un bon lutteur, empoignant le roc nu de ses fortes racines, il attend l'avalanche, indomptable et superbe, dressant ses bras vainqueurs, et dans ces lieux de mort, protestant, témoignant de l'éternelle vie.

———

En le voyant si fort sur le rocher stérile, on se demande de quoi il nourrit cette force. Quelques poussières sans doute des débris du glacier doivent l'alimenter, mais surtout la lumière.

Lumière! vie éthérée! sublime nourriture! Elle fait la noblesse de ces hauts habitants des Alpes. Ceux d'en bas, nourris de la terre, et des dons variables que leur fait le nuage, sont dans une humble dépendance. Aux cimes où la nue n'atteint pas, où le sol n'est plus que granit, la lumière plus égale, vive, intense, supplée l'aliment inférieur.

De là l'éclat étrange de cette flore toute solaire. De là la singulière finesse du mélèze, et plus haut encore la souveraineté de l'arolle, qui règne où rien ne vit, triomphe, où tout finit, et qui clôt la nature.

Est-ce à dire qu'il soit insensible? Ses feuilles, dures d'apparence et délicates au fond, sentent fort bien la morsure du givre. On le voit à leurs teintes fauves, qu'on s'attend peu à trouver là. Ce prince de l'hiver, en ces chaudes lueurs, est beau de ses souffrances et du calme puissant qu'il conserve en-dessous.

Son dictame intérieur, sa tenace résine, le guérit, le défend. Elle lui constitue une éternité relative.

Ayant les siècles à lui, il ne se hâte pas. Il fait peu, il fait bien. Lentement il travaille son admirable bois, l'amène à la perfection. Pour qu'il ait sa croissance, il ne faut que mille ans.

On voudrait se faire une idée de cette vie si lente et si forte. Qu'il serait curieux de deviner ce qui s'est succédé dans le travail obscur de la plus persistante des âmes végétales! Puissamment animé dans sa morne enveloppe, il faut pourtant qu'il ait, à travers tant d'obstacles, l'instinct conservateur, la providence personnelle, la divination des moyens qui sauvent ou augmentent la vie.

Un Américain imagine avec beaucoup de vraisemblance qu'entre la vie et la mort, il y a nombre d'états intermédiaires, que ces mots sont tout relatifs. La vie morte, et la mort vivante, la pensée vague, inconsciente, le rêve impuissant pour agir, et même pour se comprendre bien, s'analyser, ce sont des choses qui doivent se trouver dans la longue existence de ces arbres embaumés pour ainsi dire, autant que les momies d'Égypte, mais qui vivent pourtant sous leur masque muet.

———

C'est un crime de blesser l'arolle. Il est le seul des arbres qu'on ne refait jamais.

Qui plantera celui qui n'atteint qu'en cent ans la grosseur du poignet de l'homme? Dans notre époque utilitaire, pressée, qui songera aux générations à venir?

Mais d'autre part, on cherchera en vain à remplacer l'arolle. En vain on essayera du léger bouleau (de peu d'âme), et d'autres pauvres bois du Nord. Ils sont tous impuissants à rester là. Le glacier les réduit à l'état d'avortons, de nains. Mais le soleil surtout leur est mortel, terrible; il peut, à certain jour, les anéantir d'un regard.

L'arolle, contre les deux, le trait aigu du froid, le foudroyant soleil, luttait et tenait bon. Il a été, depuis que les Alpes sont Alpes, gardien de la montagne contre les deux destructions.

Il vivait au loin et au large dans son royaume de forêts. Il montait aux glaciers, descendait aux vallons, jusqu'en pleine Italie. Il fut le fort atlas qui, pour quelques mille ans, soutint les pentes du sud, si rapides et si ravinées. A mi-hauteur du précipice, il étreignait le roc, comme d'une griffe d'aigle ou de condor, arrêtait les torrents de pierres. La montagne pendait sur lui.

Le malheur de l'arolle est celui des héros. Si fort contre les coups du sort, traversant une vie si dure d'épreuves et de combats, il garde le cœur tendre. Il est attaquable au dedans. Son bois agréable, odorant, d'un tissu fin, égal, a ce grave malheur de n'avoir nul défaut, de se travailler aisément. On le coupe sans peine, et on le sculpte, comme on veut. De là ces sacriléges. Un berger imbécile de son couteau grossier, dans cette œuvre des siècles, taille de grotesques chamois, des moutons ridicules, qui vont se vendre à Vienne, à Nüremberg, au

Rhin. Demain la sotte mère à l'enfant destructeur, — pour être, en poupée, démembrée, jetée au vent, brûlée, — donne ce cœur profond qui défendit les Alpes!

Palladium sacré. Lui vivant, la contrée se soutient, vit encore. Lui mourant, elle meurt, dépérit peu à peu, et, le dernier coupé, disparaîtra le dernier homme.

. . . .

Après mon travail du matin, je sortais seul, et passant le torrent, je remontais un peu en face pour faire visite à la forêt, saluer mes arolles, converser avec eux. Ces beaux arbres clair-semés, dans la vieille forêt, souffraient de la dégradation visible de la montagne. Plusieurs, le pied dans les tourbières, le tronc surchargé de mousses, les bras drapés tristement de lichens qui peu à peu dominent et les étouffent, n'exprimaient que trop bien l'idée qui me suivait, depuis ma lecture de Candolle : « La vulgarité prévaudra. »

Ils étaient tristes. Je leur dis : « Chers arbres, vous me semblez des hommes. Votre forêt maladive me rappelle la forêt humaine. Ce que vous souffrez, c'est le trait universel du siècle. Siècle ingénieux, inventif ; mais il semble aimer peu le grand. Nul n'a travaillé si bien à aplatir tout ce qui s'élevait. Nul ne prit tant de soin à détruire les races héroïques, extirper le héros.

La plaine est maîtresse du siècle, et fait la guerre à la montagne.

La montagne du Caucase, où naguère brillait la plus belle, la plus fière des races blanches ;

La montagne de la Crète, le seul pays où la Grèce (partout ailleurs mélangée) était restée pure encore ;

La montagne Scandinave, les îles des vieux rois de la mer ;

Tout cela est rasé, détruit, ou va l'être en peu de temps.

Où sont les nobles Indiens de l'Amérique du Nord ? Où sont les Gallois (dont la fille a donné le grand Shakespeare) ? Où sont les Highlanders ? dépouillés par l'Angleterre, morts pour elle à Waterloo ?

Le platt-deutsch marche au nord, pour raser le pays d'Hamlet. La plate plaine de Russie va mettant à son niveau et la terre de Sobieski et la terre de Charles XII.

Une ville existait au monde qu'on aurait pu appeler la montagne de l'esprit. Un jet de flamme en sortait qui a éclairé la terre. Demain, à la même place, sera la vulgaire auberge des tourbes, riches et grossières, qui viennent mépriser et jouir.

. . . .
. . . .
. . . .
. . . .

XIII

NOTRE TEMPS PEUT-IL REMONTER?

XIII

NOTRE TEMPS PEUT-IL REMONTER?

« Le chagrin est un péché, » dit la loi de l'ancienne Perse.

En croyant les maux incurables, trop souvent il les rend tels.

En pleurant la mort prochaine, il tarit la vie qui reste.

Quelques sujets légitimes que nous ayons de tristesse, je ne crois pas que la descente soit la loi définitive.

J'ai traversé trop de siècles, acquis trop d'expérience des phases alternatives où passent nos sociétés, pour descendre aussi, faiblir dans la foi et l'espérance. J'aurais perdu tout le fruit de mes deux mille ans d'histoire, si j'oubliais les réveils tout-puissants de l'âme humaine, si j'ignorais les ressources de ce foyer de vie, l'Europe. Être très-riche et complet, elle possède, outre les organes de la vie habituelle, ce qu'ont les hauts animaux, des organes supplémentaires pour réparer ses ruines, relever ses défaillances, des forces imprévues, cachées, qui, dans les jours d'affaissement, lui reviennent de source inconnue.

Si, d'un regard ferme et calme, on envisage le monde, on distinguera sans peine que notre décadence ne peut se comparer à celles du passé, la Chinoise ou la Byzantine, dont la stérilité fut le signe décisif. Les faiblesses du caractère n'ont pas empêché l'esprit de rester puissant, fécond. Ces faiblesses même, on peut le dire, viennent en partie de l'alibi, de l'immense éparpillement où nous mettent ces œuvres infinies, tous ces arts créés d'hier au prodigieux laboratoire de notre ancien continent.

La vigueur américaine (ce bel élan qui nous ravit, fait notre espoir, notre joie) ne m'empêche pas de croire que le haut sensorium de la terre est encore ici, dans la vieille mère Europe. Ses quatre phares réverbérés (de la France et de l'Angleterre, de l'Allemagne et de l'Italie) lui donnent par leurs rayons croisés une lumière infiniment vive pour se connaître elle-même, se pénétrer profondément, distinguer les maux, les remèdes. L'Europe est puissamment lucide. Son génie si inventif, qui perce jusqu'au fond des choses, ne peut manquer de retourner sur lui-même et de voir dans l'homme. Parmi tant d'arts qu'il a créés, un art surgira, le plus haut, celui qui fait et refait l'âme.

Je sais que, pour celui-ci, la condition suprême (difficile) serait d'arrêter un moment la vertigineuse roue de l'activité extérieure, qui nous emporte vers tout, tient notre regard fixé hors de nous et loin de nous.

Que ne puis-je donner aux hommes qui pourraient nous renouveler, quelques-uns des jours recueillis que j'eus à Pontrésina! Un silence singulier, éteignait, amortissait tous les vains bruissements qui se mêlent à la pensée. Les sens y saisissaient tout avec plus de certitude. La transparence de l'air qui supprime les mirages de brouillards, diminue les distances, permet non-seulement de voir loin, mais de voir beaucoup à la fois. On embrasse dans un grand ensemble ce qu'on voit ailleurs en détail. Une grande harmonie où tout se tient, se contrôle mutuellement, exclut bien plus l'illusion, garantit la vérité.

Elle l'enrichit et l'étend, même au delà de ce qu'on voit. Au paysage du Roseg, admirablement harmonique, je devinais, en me guidant par des analogies frappantes, certaines parties cachées, et, par l'esprit, je voyais ce que je ne voyais pas. C'est le secret de vision dont parle l'antiquité, non sans raison, mais sans pouvoir se bien l'expliquer elle-même. C'est ce qui lui faisait dire que le voyant peut percer du regard à travers les corps.

Il est bien plus difficile de pénétrer en soi-même : c'est l'effort du recueillement, c'est le but du sage antique dans son séjour sur la montagne. Là il peut se ressaisir, dégager son génie propre et du vieux sillon des routines, et de l'entraînement des foules, et de son moi intérieur, — bref, planer de soi sur soi.

L'âme se sent un infini, son initiative augmente. L'humanité même en balance pèse peu.

Qui ne se souvient que le monde était d'un côté, Copernic, Galilée, de l'autre ?

Aucune des fausses grandeurs ne se soutient devant les Alpes. Aucune autorité mondaine n'y garde son faux prestige. Une seule subsiste ici : raison, vérité, conscience.

J'avais senti quelque chose de cela près du mont Blanc, lorsqu'en août 1865 fut écrite la première page de ce livre. Je le retrouvai plus encore en juillet 1867, dans les heures de solitude que j'eus à Pontrésina. Quand nos voyageurs couraient le pays, faisaient leurs ascensions, moi aussi, je faisais la mienne. Pour la seconde fois, cette idée, vive et nette de la montagne, me revenait à l'esprit : « *Elle est une initiation.* »

Il est intéressant de voir comment, peu avant le réveil de 89, le grand dix-huitième siècle reprit dans la Nature même le sentiment héroïque.

Voltaire, qu'on croyait tout art, homme de ville et de salon, aveugle pour la nature, dans ses vers au lac de Genève, poussa le premier cri (sublime). Rousseau prit le cadre des Alpes pour son *Vicaire savoyard*, en mit l'accent ferme, hardi, aux *Lettres de la montagne*.

Deux grands cœurs révolutionnaires, M. et madame Roland, allèrent, avant l'action, y tremper leur stoïcisme.

Les Suisses ont de belles chroniques qui racontent de grandes choses, mais ils ont trop négligé d'en consacrer la mémoire par les monuments de pierre qui pour tant de générations restent une prédication muette. Un Français, au point central où le Lac des quatre cantons croise ses bras héroïques, s'arrêta, y fut saisi d'un mouvement religieux, frémit d'une horreur sacrée. Ce n'était pas un roi, un prince; ce n'était qu'un philosophe. Mais il ne put pas souffrir que les trois hommes du Rütli qui jurèrent la liberté suisse n'eussent encore aucun monument. Il resta là, leur bâtit dans une île une pyramide, qu'on y voyait encore naguère. Depuis, la foudre la brisa. Les ennemis de la liberté en ont effacé les restes. Mais ils n'effaceront pas ce beau fait et la trace qu'il laisse dans la littérature. Ce Français, homme de talent, sans génie, avait un cœur surabondant, débordant. Ce cœur, inspiré de la Suisse, y puisa l'idée du livre qui, vingt années, a été comme une bible des deux mondes.

Faible livre, mais beau souvenir. Il montre

combien les cœurs, naïfs encore, en un temps que l'on croit si corrompu, trouvaient dans ces lieux leur essor. Tel, descendant de leurs glaciers, en rapportait leur âme austère. Tel, en voyant leurs pics sublimes, sentait un élan héroïque. Et tous en revenaient plus grands.

———

Ce souvenir contraste fort avec ce qu'on voit aujourd'hui, avec les foules mondaines, la tourbe bruyante, qui afflue l'été à Chamounix, Interlaken, qui prend d'assaut l'Oberland, qui de sa vulgarité prosaïse ces nobles déserts. Est-ce l'amour de la nature, un sens nouveau, qui tout à coup s'est développé chez eux? Est-ce un mâle élan vers les choses hardies, dangereuses et pénibles? On voudrait le croire. Un Tyndall, deux ou trois noms honorés, ne peuvent faire illusion. Ce que l'on voit, pour la masse, c'est que ceux qui dans leur pays gardent encore quelque tenue, respectent un peu les convenances, en Suisse se croient libres de tout.

Cessons de profaner les Alpes. N'emportons pas dans la montagne les esprits grossiers de la plaine. Tâchons que ce pèlerinage soit du moins un sursis aux vices, un moment de dignité.

Il faut les respecter, ces lieux. Le premier égard qu'on leur doit, c'est de n'y pas apporter la littérature énervante, maladive, de notre époque. Des écrivains même éminents, des génies qu'on peut admirer, par leurs artifices subtils, leur recherche, contrastent trop, sont indignes d'être lus ici. Partout ailleurs à la bonne heure. Peu de livres, je vous prie. Quelques-uns d'histoire naturelle, ou de simples et belles chroniques, c'est beaucoup. Tout livre humain est petit en présence de ce grand livre, vivant, imposant, si pur. Devant lui, tout fait pitié.

Les livres, même religieux, mystiques, ici sont de trop. Les religions spéciales ont la voix faible, souvent fausse, devant cette haute religion qui les domine, les embrasse. Dieux du monde, faites silence. Laissez-moi entendre Dieu.

La grandeur austère des Alpes, la poésie immaculée de ces vierges sublimes, doit tenir bien à distance nos faiblesses et nos romans. Il faut être bien hardi pour compter, en présence de leur éternité, sa misérable personne, apporter là ses petitesses, ses nervosités d'oisif, ces maladies qu'on devrait plutôt cacher. Que fait l'ennui d'Obermann dans ces lieux pleins d'action, dans le berceau mémorable des libertés de l'Europe, dans cette rude vie de montagne où le travail périlleux, où le travail assidu ont donné l'exemple au monde? Entre l'exploiteur hardi des forêts et l'ouvrier infatigable de Genève, que signifient les vains rêves et les mélancolies du vide?

L'amour est au niveau de tout, tout aussi divin que les Alpes. Je ne méconnais pas la force, la sincérité de Rousseau. Cependant qui peut à Clarens relire *la Nouvelle Héloïse?* Nulle rhétorique, nul talent, ne se soutient dans un tel lieu. Trop grande y est la nature. Trop tragique y est l'histoire dans la guerre de ces deux rivages, dont par bonheur témoigne encore le cachot de Chillon.

Quelqu'un dit un mot admirable sur ce vis-à-vis unique de Meillerie et de Clarens : « Ce qu'on y sent est plus haut qu'une passion individuelle, plus que tout amour de ce monde. C'est le sens du grand, du sublime, de l'universel Amour. »

Profonde parole religieuse! Qui la croirait de Byron (notes du III⁰ chant de *Childe-Harold*)? Ce mot, plus que tous ses vers, est vraiment digne des Alpes.

J'ai voulu, à Meyringen, en lire, revoir son *Manfred.* Cela ne se pouvait pas. Cette exaltation désolante, ce faux mystère, ce faux tragique, qui n'est d'aucun lieu, d'aucun temps, détonnent en de pareils lieux. Déplorable conception d'avoir assis Némésis, la vengeance et le dieu du mal, sur ces bienfaisants glaciers qui nous donnent, avec les grands fleuves, la vie, la salubrité, la fécondité de l'Europe !

La Suisse n'est pas parfaite. Mais ce qui chez elle me semble admirable, au-dessus de tout, une vraie bénédiction, ce sont les libertés aimables dont y jouit l'enfance, ce sont ses fêtes d'enfants si douces au cœur, adorables. Entrant une fois dans Vevay, j'en vis une où des centaines d'enfants (de douze ans peut-être), des filles, des garçons pêle-mêle, avec de petits drapeaux, se promenaient par la ville en chantant, dans une sagesse, dans une liberté aussi, vraiment tout attendrissantes!

J'y voyais souvent sur les routes des petites pensions d'enfants que l'on faisait voyager. J'en rencontrai une au Splüghen, une pension venue de loin, de Neufchâtel, ce me semble, qui avait traversé la Suisse. C'étaient des enfants fort jeunes, qui pourtant, sans trop de fatigue, s'en allaient ainsi à pied, chacun sous son léger bagage, faisant déjà l'apprentissage de la vie du voyageur, de ses petites aventures, heureux pour la première fois d'agir et d'être des hommes. Ils allaient, je ne dis pas sous un maître, mais avec un maître, qui gênait peu leur liberté. C'était un jeune homme sérieux qui me plut. Sa dame était avec lui, jeune aussi, agréable, attentive à tout, et qui, non sans quelque fatigue, suivait le cher petit troupeau, l'entourant et l'enveloppant de sa grâce maternelle (juillet 1867).

Rien de plus charmant, rien de plus touchant. De très-bonne heure, le jeune Suisse, simplement et sobrement (quelle que puisse être sa fortune), parcourt dans tous les cantons sa belle et libre patrie, l'aime enfant, s'unit à elle de vie, d'habitude, de cœur, se lie à ses destinées.

Je crois cependant que pour ceux qui ne sont pas du pays, pour qui le voyage n'a pas ce caractère patriotique, les Alpes gagnent infiniment à être vues un peu plus tard, je veux dire dans l'adolescence. L'enfant en sent peu la grandeur. Il est beaucoup plus frappé de mille détails prosaïques et parfois insignifiants, mais surtout accidentels, non inhérents au pays, qui n'étaient là que par hasard, et en donnent une idée fausse. La forte mémoire de cet âge qui garde ineffaçablement tout ce qui s'y mit alors, conserve pour toute sa vie ces traits bizarres et de rencontre. Tel, du lieu le plus sublime, ne gardera que la mémoire du passant qu'il y trouva, un crétin, un bouffon, que sais-je?

« Mais revues à un autre âge, les Alpes auront leur effet? » Ne le croyez pas. Les choses restent marquées du caractère qui nous y frappa d'abord.

Les familles, aujourd'hui plus tendres qu'autrefois, se séparent moins de leurs enfants, les mènent partout avec elles. De cette chose excellente, résulte un inconvénient qu'il faut bien aussi reconnaître. L'enfant est blasé sur tout. Ce que, petit, il a connu au point de vue étroit de son âge, il le voit toujours petit, et avec indifférence. On ne trouve que jeunes messieurs, qui, menés dès la nourrice à la mer ou aux montagnes, n'y prennent plus aucun intérêt. « Les Alpes? on m'en a bercé... L'Océan? connu, connu ! »

Il n'est pas sans inconvénient de vouloir en un voyage parcourir tout un pays, d'embrasser tout à la fois les variétés, les contrastes, les paysages souvent opposés et discordants. Voir en une saison les Alpes, en une les Pyrénées, c'est prendre de trop grands ensembles. Les impressions confuses s'effacent, se confondent, se faussent, si elles viennent coup sur coup.

Il serait intéressant de prendre une seule montagne, d'y bien caractériser ces grandes échelles de la vie. Quoi de plus intéressant que d'en marquer chaque gradin, et dans son rapport avec l'homme et pour la nature elle-même? L'allégement progressif de l'air, le dégagement favorable que les forêts résineuses donnent à notre électricité, l'amphithéâtre des flores diverses de degré en degré, c'est déjà une éducation. Chaque montagne est un monde, et peut être à elle seule un texte vivant des sciences.

Une étude plus mobile, très-féconde, pour un esprit avancé, serait celle d'un unique fleuve, du Rhône ou du Rhin, par exemple, suivi dans tous les accidents de son cours, dans toute la variété des productions de ses rivages.

Rien ne donnerait une idée plus haute, et aussi plus saine, de la réalité des choses. On y verrait la vraie valeur de ce qui trompe et attriste dans le travail incessant des eaux pour ruiner, démolir, pour abaisser la montagne. La cascade et le ruisseau nous disent incessamment : « Qui est la mort ? Qui est la vie ?.. Si nous démolissons les Alpes, c'est pour doter, féconder de nos alluvions l'Allemagne, c'est pour engraisser l'Alsace, c'est pour élever la Hollande, la défendre, la soutenir contre l'invasion de la mer. » Ainsi cette dissolution n'est rien qu'une création.

Rambert, ingénieusement, note la joie que ces éléments semblent avoir de quitter l'immobilité solitaire pour aller fraterniser avec la rive, avec la plaine. On les entend dire : « Allons !… Mourons à la vie stérile, pour entrer dans le travail, dans le cours fécond des choses. »

C'est une très-funeste tendance de notre âge de se figurer que nature, c'est rêverie, c'est paresse, c'est langueur. Les Bernardin de Saint-Pierre, les Chateaubriand, leurs imitateurs, n'ont que trop bien travaillé à nous énerver en ce sens. Point de vue fort opposé à celui de l'antiquité où le sage centaure, au contraire, pour donner au jeune héros le plus haut degré d'énergie, le tient aux antres des montagnes, aux vertes et fraîches forêts.

Loin de croire que la nature, prise en sa vérité, mène aux molles faiblesses du cœur, j'en voudrais réserver les grandes et salutaires émotions à ces crises de la jeunesse où l'homme a besoin d'être soutenu. Ne croyez pas que les discours y suffisent. Gardez vos sermons, et laissez prêcher les Alpes.

Les deux grandes communions de la Montagne et de la Mer seraient très-utilement réservées à ces moments. La Mer au premier éveil, au premier élan de la vie. La Montagne quand les sens ont leur crise, leur enivrement. Je voudrais à ce moment enlever l'homme à lui-même, sans vaine et froide parole, le tirer de la nature, — comment, en le menant aux Alpes au sein de la nature même.

Je ne glacerais pas son cœur. Au contraire, je l'animerais d'une chaleur plus noble et plus haute.

Je le mènerais aux champs de Morat et de Sempach, aux mémorables batailles qui firent la liberté suisse, préparèrent celles du monde.

Je lui montrerais, aux sommets vénérables du Saint-Gothard, le point où les eaux se partagent, où les ruisseaux se disent adieu, s'en vont vers trois nations. Ces eaux, tantôt salutaires, tantôt sauvages et menaçantes, ont fait le lien des vallées, forcé les hommes d'en-bas de s'entendre, de se lier, de former les fortes ligues, qui domptèrent les torrents, les fleuves, puis le torrent des Barbares, brisèrent au midi Barberousse, au nord Charles le Téméraire. Ainsi la fraternité suisse, ainsi la ligue lombarde, ces grandes âmes de nations sortirent, pour ainsi dire des Alpes, furent éveillées par leurs fleuves et le mystère de leurs eaux.

Je m'arrête à ces exemples, et je n'irai pas plus loin. Dans le livre de *la Montagne*, j'ai fait, de chapitre en chapitre, surgir les puissances héroïques que nous puisons dans la Nature. Et maintenant, comme en voyage, derrière l'Alpe on voit se dresser encore une Alpe supérieure, je vois au delà de mon livre un autre qui commence ici : Régénération de l'espèce humaine.

Assez pour ce jour, assez. Ce petit livre, quel qu'il soit, a droit à ma reconnaissance. J'achève et je le remercie. Dans le long combat de la vie, de l'art (toujours inquiet), dans un temps de sombre attente, il m'empêcha de descendre et me retint à mi-côte. Par une heureuse alternance entre l'Histoire et la Nature, j'ai pu garder ma hauteur. Si j'avais suivi l'homme seul, la sauvage histoire de l'homme, j'aurais faibli de tristesse. Si j'avais suivi sans partage la nature, je serais tombé comme plus d'un aujourd'hui) dans l'insouciance du droit. J'échangeai souvent les deux mondes. Lorsque, dans l'étude humaine, l'haleine allait me manquer, je touchais *Tena Mater* et reprenais mon essor.

C'est tout le secret de ce livre. S'il m'a encore renouvelé, s'il m'a effacé vingt siècles, puisses-tu, jeune voyageur, qui viens avec la force entière et tout le jour devant toi, y trouver un point de départ! Qu'il te soit un de ces sommets moyens où l'on s'arrête à l'aube, pour se reconnaître un moment, marquer le but d'un œil sûr, monter, s'élancer plus haut.

ÉCLAIRCISSEMENTS

Il eût été facile de donner à ces petits livres un aspect scientifique en multipliant les citations, indications, etc. Mais, dans un cadre resserré, elles auraient l'effet d'obscurcir, d'arrêter le lecteur sur le détail qui ôte leur relief aux objets capitaux.

N'oublions pas que, sur chaque sujet, quand il paraît un livre de génie, nombre de travaux suivent, estimables, utiles, de vérification, observations, théories ou voyages, etc., et l'œuvre mère est un peu oubliée. Sur les glaciers, sujet de nos premiers chapitres, le livre capital est celui d'Agassiz (*Études*, 1840). Précédé par les Hugi, les Venetz, les Charpentier, il systématisa et agrandit leurs résultats, donna le grand coup de lumière. Il a été suivi très-honorablement par les Desor, Martins, Tyndall, Schlagenweit. Comment l'Europe n'a-t-elle pas retenu dans ses plus hautes chaires un homme si éminent? Comment un tel maître enseigne-t-il au delà des mers? — Le premier il a affirmé (p. 304, des *Études*) un âge du monde, *la période glaciaire*. Ce n'était pas une simple hypothèse. Il montre parfaitement que si l'on n'admet cette théorie, tous les faits discutés deviennent inexplicables. A-t-on répondu? Non. L'observation, la connaissance progressive de la terre viennent témoigner pour lui, et *la période glaciaire* est peu à peu acceptée du monde savant. Beaucoup la mentionnent dans leurs livres, comme chose admise et convenue, mais sans rappeler celui qui le premier ouvrit la voie.

C'est encore Agassiz qui le premier (après Hugi) sentit que les ascensions passagères ne suffisaient pas, qu'il fallait *séjourner sur les glaciers*, y habiter, vivre avec eux pour les connaître, y passer des mois, des saisons. Hugi, Agassiz, Desor, s'y établirent, persévérèrent dans ces conditions si dures, donnèrent au monde cet exemple de courage, de patience et de dévouement.

Le progrès et recul alternatif des glaciers, phénomène d'immense importance, qui, comme je l'ai dit, est une sorte de thermomètre physique (et moral même?) de l'état de l'Europe, est marqué depuis cinquante ans. En 1811, la sécheresse les a fait reculer. Trois années froides et humides, 1815, 1816, 1817, les font avancer considérablement (Venetz). — En 1840, dit Agassiz (p. 235), ils avancent beaucoup. — L'année 1857, si chaude et si puissante, qui prépara un cycle de belles années (V. Schacht), dut les faire reculer. En effet, M. Charles Martins, dans son ascension de 1865, a signalé un énorme recul. — Mais les années humides, 1866, 1867, les font sans nul doute avancer.

L'illustre Lyell essaye d'expliquer le transport des blocs erratiques, non par le mouvement des glaciers, mais par des radeaux de glaces analogues à ceux qui nous viennent du Nord, et charrient aussi des rochers. A cela il y a une difficulté qu'eût pu indiquer Agassiz (p. 283). C'est que de tels radeaux plongent en dessous énormément dans la mer ; leur partie supérieure n'est rien en comparaison de l'inférieure. Pour porter des poids tels que les blocs erratiques, il eût fallu qu'ils eussent dessous des eaux extrêmement profondes, comme sont celles de l'Océan.

Comme description et tableau animé de la vie, rien n'a dépassé le livre de Tschudi, si riche d'ailleurs d'observations personnelles, de faits curieux.

C'est une petite Bible des Alpes, qu'on doit avoir avec soi. Le voyageur aimera aussi à emporter ces livres charmants, les *Essais* de Rambert, *les Grimpeurs*, *les Ascensions* de Margollé et Zürcher, *le Léman* de Rey, *les Chamois* d'A. Michiels.

Il est très-intéressant de comparer trois livres capitaux, trois hommes et trois nations : la sagesse de M. de Saussure, courageux, judicieux, équilibré, harmonique, — la belle âme allemande de Tschudi, en communion si parfaite avec la nature, qui la réfléchit si vivante, comme un beau et pur lac des Alpes, — enfin l'âpre et fiévreux Ramond, le Français du Midi, palpitant de 93. A part telles déclamations, il faut avouer pourtant que la passion lui donne parfois une seconde vue pour voir et deviner les 93 de la terre. L'homme même intéresse fort dans sa longue recherche du mont Perdu, dans sa course hasardeuse, et quand, assis sur les débris, il laisse échapper ce soupir : « Tant de pertes irréparables pleurées au sein de la nature ! »

Peut-on séparer aisément l'homme de la nature, la société humaine de la grande cité dont elle dérive ? Nos anciens voyageurs amusent et intéressent, parce que chez eux, à travers le paysage, on entrevoit toujours l'homme. La plupart des voyageurs modernes, très-spéciaux (l'un pour les plantes, l'autre pour les coquilles, etc.), donnent des matériaux seulement; ils sont instructifs, illisibles.

Dans le chapitre x (*Montée de la terre*, etc.), j'ai fait ressortir une chose trop oubliée, c'est que nos savants qui croient suivre uniquement leur science hors de toute influence sociale, la subissent à leur insu, et la portent dans leurs systèmes. Il est bien entendu que je ne veux dire nullement que ces hommes si éminents, les Lyell d'un côté, les Buch, les Élie de Beaumont de l'autre, en aient été uniquement dominés.

Ce que j'ai dit de l'audace d'Élie de Beaumont, et de la grandeur de sa tentative, n'étonnera pas ceux qui (comme moi en ce moment) auraient sous les yeux son article *Systèmes de montagnes*, article qui est un grand livre (Dict. de d'Orbigny, 1849, XII, 187-311). Dans les premières lignes il exprime l'idée « qu'une analyse rigoureuse montrera sur la terre une ordonnance générale dont le ciel ne présente aucune trace. » Jamais la géologie, cette science nouvelle, n'avait osé parler ainsi à son aînée, qui nous regarde de si haut, l'astronomie.

Un mot sur mon chapitre x, sur la terre en général et la création de ce globe :

Les sciences d'observation n'ont commencé réellement qu'en 1600 par Galilée. Les sciences de création, peu avant 1800, ont commencé par Lavoisier.

Les dernières sont le grand trait original de notre siècle. Il a créé d'abord des machines et des forces. Il a créé des plantes (non de simples variétés, mais des espèces durables). Il a créé pour elles, des terrains différents, les cycles de culture qui les refont, les renouvellent. Il a créé des races d'animaux, d'utiles et admirables monstres.

Progrès étrange, hardi. Il a distancé la Nature. Nulle couleur naturelle ne se soutient près de nos anilines qu'on fait depuis dix ans. Le soleil a pâli devant l'éclair de l'homme, sa lumière électrique. Mais voici le plus fort : du minéral inerte, nous tirons ce qui semble le plus insaisissable, tous les genres de parfums, d'essences et d'esprits. La pierre s'alcoolise. Et (faut-il achever? le moyen âge eût reculé d'horreur) la pierre s'animalise. Le lait de la mamelle, le doux lait de la femme, nous l'avons tiré du caillou.

Dans la fermentation, dans l'électricité, nous avons trouvé les passages par où l'inerte monte à l'état organique. La barrière éternelle qu'on supposait entre eux, s'abaisse et disparaît. Nous mettons tout en voie de vivre. Ce qu'on crut matière morte à perpétuité, ce sera la vie de demain. Tout est vie future ou présente. Tout glisse incessamment d'une forme à l'autre de la vie.

Que sont devenus les trois règnes, les belles divisions de la vieille science? Du minéral au végétal, à la plus haute énergie végétale (le sang de la vigne, l'esprit), nulle barrière de séparation. Moins encore de barrière du végétal à l'animal. Morren a vu dans les marais des végétaux qui, sous la lumière chaude, sont animaux quatre heures par jour, puis, quand le jour baisse, se refont végétaux. Mais l'égalité des deux vies, du végétal, de l'animal, éclate surtout, est complète au moment divin de l'amour. Telles fleurs montent au niveau des plus hauts animaux, s'égalent au mammifère, ont la même semence. (L. Lortet, *la Preissia*, 1867.)

Bref, par fermentation, la pierre se crée esprit. La plante, par amour, se crée homme.

Création! énigme, épouvantail du moyen âge. Mais pour nous, c'est la vie commune, c'est ce que nous voyons et faisons tous les jours. Il n'y faut un miracle. Le miracle serait que, dans un monde si fécond, rien ne se fît toujours, incessamment ne se créât.

Comment se crée un continent, une nouvelle partie du monde? Nous avons aujourd'hui l'agrément de le voir. La Terre, par sa vie polypière, ses petits animaux, se sécrète elle-même un nouveau champ d'activité, qui sait? une Europe peut-être? Elle s'arrange dans la Mer du Sud comme un continent de rechange, si nous usons le nôtre, ou si quelque désastre venait à le gâter.

Cela commence par un grand nombre d'îles, par des centaines, des milliers de petites montagnes circulaires qui s'élèvent au niveau du flot. Forme excellente. Elle donne moins de prise à leur grande ennemie, la grosse vague australe qui venant sans obstacle du pôle, se poussant, s'entassant, avec un poids terrible arrive à eux, mais tournoyante perd une partie de sa force. Chacune de ces îles, de ces aimables petits mondes (fort dangereux pourtant pour les navigateurs), avec ses blancs récifs rayés et roses, ne tarde pas à avoir dans son sein un peu d'eau bonne aux végétaux, et souvent un beau cocotier qui souffre l'eau de mer. Voilà la terre en miniature, déjà un abrégé du globe.

L'île est rarement seule. Il lui vient à côté une île sœur, et d'autres encore. Chacune est un anneau. Le groupe est un anneau lui-même qui en laissant passer la mer, la rompt pourtant et se défend bien mieux. Ces groupes annulaires, au nombre de 17, présentent dans l'ensemble un grand cercle allongé, et comme un gigantesque anneau de presque 300 lieues de long. Cela promet. L'ouvrage avance. Il va se prolongeant d'écueils qui depuis peu d'années arrêtent la navigation.

L'obstacle à ces bons ouvriers, c'est l'avidité des poissons qui sous l'eau paissent comme l'herbe leurs polypiers tendres encore, et s'en approprient le calcaire. Ils le digèrent, le rendent comme craie. Cette craie, à son tour, fera les infusoires dont vivent les polypes, donc leur retournera. Le calcaire des polypes détruit et digéré revient par cette voie nourrir leurs descendants. Circulus curieux qui fait toucher au doigt le procédé très-simple des échanges de la nature.

Lamarck a deviné, il dit : « Le calcaire est chose animale ; des animaux l'ont fait. » Cette partie énorme du monde, qui compte immensément dans l'écorce du globe, tant de terrains, tant de montagnes, ces bancs et ces carrières où nous taillons nos villes, ce serait une sécrétion. Dans un cercle éternel, le calcaire, par moments dissous et remis dans la vie, digéré par les plantes, les animaux (et animal lui-même), irait roulant, changeant, inerte en certains âges et dans d'autres âges organique.

Quand se fit tout cela? Probablement toujours. Aux plus anciennes couches déposées par la mer bouillante on trouve les diatomées, ces petits êtres de silex, tout semblables à ceux d'aujourd'hui. Les chauds lacs des hautes Andes ont leurs poissons, donc aussi l'infusoire dont le poisson doit se nourrir. Pourquoi, même aux âges du feu, n'y aurait-il pas eu des animaux propres au feu? « Ils n'ont pas laissé trace dans les porphyres, basaltes, etc. » Cela ne prouve rien. Ils ont pu passer, repasser par des combinaisons chimiques, contraires à leurs éléments propres, s'y perdre, s'y anéantir.

La terre créa ses créateurs. L'ascension naturelle des liquides, leur *endosmose* au sein du minéral ressemble de bien près à l'*absorption* végétale qui, si la plante a soif, devient *aspiration*, j'allais dire *succion*. Ce dernier mot doit-il se réserver à l'animal? mais comme lui la plante aspire et suce aussi. Les premiers animaux, peu différents des plantes, étaient tous de petits suceurs.

La *plante animal*, ou polype, — moitié vie et moitié rocher, ce jeu de la nature qui copiait la Terre, l'imitait immobile. Des petits êtres vinrent à l'image de la Terre mobile, êtres errants et planètes minimes sur le sein de la grande auxquelles il fut permis d'emporter leur rocher. A l'instar de la Terre qui va avec son écorce terrestre, eux aussi cheminèrent sous leur écorce, leur coquille, abri et logis tutélaire. Tels de calcaire, tels de silex, ils ont sans bruit construit, exhaussé de leurs corps, de leurs petits débris, les plus hautes montagnes du monde, emmagasinant pour la terre les éléments des êtres supérieurs.

Les petites vies, pour se faire, ont dans l'instinct obscur, comme une attraction, une gravitation intérieure qui est *l'amour*. D'abord l'amour de soi pour soi (pour dire comme Geoffroy Saint-Hilaire). Ils s'aiment et se veulent du bien. Et cela fait tout le détail du développement de chaque être, le goût, le choix, la préférence (*Darwin*) pour ce qu'il a en lui de bon pour lui, pour ce qui doit le sauver, l'augmenter,—lui faire sa petite fortune, le transformer peut-être et le porter plus haut.

Voilà le procédé ordinaire de la vie, qu'on n'est pas loin d'admettre aujourd'hui assez aisément quand il s'agit du petit monde, des vies minimes d'animaux. Pourquoi la grosse vie de la Terre aurait-elle été autre? Pourquoi n'eût-elle pas agi comme la petite terre (l'animal-rocher-plante), qu'on appelle polype? Mais travaillant avec des agents très-divers, et des moyens de toute sorte, elle n'a pas bâti dans l'extrême régularité (un peu maussade) de polype ou d'abeille. Elle a fait, dans un charme ravissant de variété ce polypier superbe, amusant, que nous habitons.

J'ai horreur des deux hypothèses de la création sans amour.

1° L'hypothèse du hasard. Quelqu'un suppose « que l'attraction d'un astre errant, passant près de la terre, au nord de l'équateur, aurait diminué la pression générale, suscité une marée dans les fluides intérieurs de notre globe et par là soulevé ces montagnes qu'on appelle l'Ancien, le Nouveau continent ! » (P. Scrope.)

Voilà un beau coup de hasard, mais le bon sens résiste. Qui voudra croire qu'un simple choc ait pu créer ce système admirable, et si heureusement combiné?

2° L'hypothèse d'un mécanicien tout-puissant, qui forgeant et montant la machine inerte, eût, par un coup d'adresse et de force, un miracle à sec, suscité tout à coup ce monde, sans mutualité ni correspondance d'amour, l'eût posé sur roulettes, fait aller par effort, et lui aurait dit : « Va ! » Cela n'est pas digne de Dieu.

L'idée divine implique les doux procédés de la vie, la tendre incubation et l'enveloppement maternel, surtout la patiente succession, l'infini du temps.

Les coups de violence, la foudre et les éclairs,

ce barbare appareil où les barbares mettaient la naissance du monde, c'est justement (chacun peut l'observer) ce qui fait manquer les naissances, ce qui fait avorter la vie.

Ce qui garde dans l'œuf la délicate vie du plus petit oiseau, cette Ame de bonté qu'on sent dans la Nature, c'est en elle que se créent les mondes, les soleils et les Voies lactées.

Chaque astre, avec sa part de l'Ame universelle, doué, soutenu d'elle, dans son attraction pour son prochain Soleil, s'aime en aimant l'ensemble, s'unit et s'harmonise, se crée en s'accordant au Tout.

Les dieux vraiment anciens ont une pacifique douceur. L'*agni* (*ignis*, le *Feu* du *Rig-Véda*), qui vivifie le monde, est en même temps le bon compagnon du foyer, l'ami entre *elle* et *lui*, entre l'homme et la femme, le cher médiateur d'amour. C'est plus tard, aux temps troubles, qu'arrivent les créateurs sauvages, les éclairs, le tonnerre d'Indra.

Sur le chapitre XI, p. 142, sur la vieillesse de l'Inde. Cette vieillesse, et la négligence, la brutalité des Européens, n'apparait que trop dans les voyages, spécialement dans l'intéressant voyage de

Warren, bien peu suspect, puisqu'il sert dans l'armée anglaise, admire les Anglais, voit dans le gentleman anglais l'idéal de l'homme. — Les ouvrages de Hug Cleyhorn (1861), et de Brandis (1863-65), montrent la décadence des forêts, et les efforts tardifs qu'on fait pour y remédier. — Les animaux ont déchu, comme les arbres. L'éléphant, dont la sagacité était encore proverbiale au dernier siècle (voy. surtout Foucher d'Obsonville), est aujourd'hui abruti, est devenu une simple bête de somme, si j'en crois le témoignage du directeur des haras de la Compagnie. Voir son important article *Éléphant*, dans le Dictionnaire de d'Orbigny.

Sur le chapitre XII de la I^e partie. Sur Java, etc. J'avais sous les yeux les livres importants et fort instructifs de *Rafles et Crawford*, 1824; *Blume, Flora Javæ*, 1828; *Hogendorp*, 1830. L'excellente compilation de *Walcknaër* est aussi bonne à consulter. Il est intéressant de rapprocher Bornéo de Java. Voy. *Spencer S. John, consul of Borneo*, spécialement pour la merveille du Nepenthes Edwardsiana.

Sur les premiers chapitres de la seconde partie. On ne pouvait séparer de la montagne la forêt, qui en est, non-seulement le vêtement, mais sous tant de rapports la révélation, l'explication, j'oserais dire, le verbe et la voix. Nous avons lu avidement tout ce que nous avons pu connaître des forestiers d'Allemagne, ceux de tous qui ont le mieux gardé les anciennes traditions. Le magnifique *Arbre* de Schacht, domine, ombrage tout ce grand sujet. Nous le lûmes la première fois dans le bel été de 1857, sous les chênes de Fontainebleau, et depuis nous le portâmes partout avec nous, aux pinadas de Bayonne, aux sapins, aux arolles des Alpes, aux chênes-liéges de Provence.

Des livres agréables et commodes, *la Plante* de Schleiden, *le Monde végétal* de Karl Müller, nombre de savants articles du Dictionnaire de Borie-Saint-Vincent et de d'Orbigny, nous ont été fort utiles. Karl Müller a un chapitre excellent sur les *Rapports sociaux* des plantes.

Ce que nous disons des conifères est tiré surtout des mémoires de Richard, le vénéré maître, du savant M. Carrière, et de l'illustre Hooker, beaucoup aussi de nos observations.

Les botanistes d'aujourd'hui négligent et méprisent trop les mythes relatifs aux arbres, ces légendes qui, parmi les erreurs, contiennent beaucoup de vérités. Rien de plus important, pour le naturaliste même, que l'*Histoire du culte du cyprès* par Lajard (in-4°). Il y donne nombre de textes fort précieux pour l'histoire de l'arbre en général, et les points de vue sous lesquels il fut considéré.

Sur l'Engadine. J'ai cité dans le texte, l'excellent ouvrage de M. Binet-Hentsch (Genève 1859). C'est le seul que je connaisse en français. Les ouvrages estimés de Papon (1857), Lechener (1858), Théobald, etc., sont en allemand. J'ai sous les yeux un joli petit livre anglais de madame Freshfield (1862), intéressant, un peu minutieux. Longue énumération des dîners, déjeuners, etc. Ce qui m'a servi plus que tous les livres, c'est la conversation judicieuse, instructive des hommes même du pays. Qu'ils reçoivent ici mes remerciements, spécialement M. le président Saratz.

Sur les grimpeurs. Il faut entendre là-dessus ceux qui en savent le plus, les guides, qui les hissent là-haut, qui pour quelque argent leur donnent ce plaisir de gloriole, qui jusqu'aux glaciers leur portent les mets, les vins, les liqueurs. Ils content avec quel danger ils dirigent à la descente ces grands marmots, ivres, troublés, leur taillant des escaliers, leur posant chaque fois le pied, souvent ne pouvant s'en tirer qu'en les portant à la lettre, les enlevant dans leurs bras.

Les Suisses, par accoutumance, ou par l'affectation fâcheuse d'une supériorité légère, me semblent souvent parler d'une manière peu convenable de leur admirable pays. C'est ce faux rire qui rend fatigants les livres de Tœpfer, malgré l'esprit, l'amusement, la facilité du crayon. Il s'attache constamment à des traits accidentels, aux hasards de caricature. Les rires, les gambades attristent. Je suis comme les petits enfants : la grimace, loin de m'amuser, me ferait pleurer plutôt. Ici, devant cette nature si grande et si sérieuse, le contraste est désolant.

Dans un ouvrage que j'aime, plein d'esprit et de talent, je vis l'autre jour quelques lignes qu'on effacerait volontiers, celles où il dit la sensation, fort particulière aux Suisses, qu'ils auraient sur les glaciers : « On court, on saute, on gambade; on divague de droite et de gauche. *On s'attache* les uns les autres pour franchir plus sûrement un obstacle. On court de plus belle et on ne s'arrête que comme posent les papillons. » — Ailleurs : « Dans ces vives flâneries, il est tel moment où l'on croit sentir une parenté lointaine entre l'homme et l'oiseau, et où l'on se surprend à gazouiller... Quelle joie dans ces folles descentes où l'on est porté par tout un lit de cailloux, s'ébranlant et cheminant avec vous! » etc.

Ceux qui, non-seulement parcourent les glaciers, mais les habitent, qui y font de longs séjours, Hugi, Agassiz, Desor, en donnent d'autres idées. Ils ne trouvent pas que ce soit un théâtre de gens légers. Ce n'est nullement un lieu où l'homme sente sa liberté. La difficulté des montées, la respiration pénible, ce besoin de s'attacher pour éviter des abimes, tout cela n'a rien de gai.

Page 364; sur le mot : *Régénération de l'espèce*. — Le changement des milieux peut y faire beaucoup sans doute, mais nullement la mobilité vaine, vertigineuse, qu'ont donnée les chemins de fer. On ne voit que gens qui courent, qui voyagent effarés. Où? A peine ils le savent eux-mêmes. Il faut des séjours prolongés dans les meilleurs milieux. Je voudrais des livres spéciaux là-dessus : un bon livre général où l'on comparerait les diverses *stations maritimes* (toutes utiles pour des états différents), — un livre sur les diverses *stations de montagnes*. Le petit livre de M. Lombard (Genève, 1858) est très-bon, très-précieux, mais il insiste beaucoup sur les circonstances et maladies locales des Suisses, s'occupe moins de l'étranger.

TABLE

Préface. — Caractères communs de nos livres, *l'Oiseau, l'Insecte, la Mer, la Montagne*. 1

PREMIÈRE PARTIE

I. — Le vestibule du mont Blanc. 4
Saint-Gervais. Pauvreté, grâce et douceur du paysage de Savoie. 8

II. — Le mont Blanc. Les Glaciers. 15
L'horreur des glaciers, vus de près. 17
Légendes des glaciers. 21
Chasseurs de chamois, chercheurs de cristaux. . . 23
Aspect funèbre du mont Blanc. 25
Jacques Balmat y monte le premier (juin 1786). . 27

III. — Premières ascensions. Les Glaciers. 29
Éducation spéciale de Saussure, son beau voyage. . 31
Le glacier est chose mobile et vivante. 34
Charpentier, Agassiz ; *la période glaciaire*. 37
Le glacier avance et recule ; thermomètre de l'Europe. 39

IV. — Le château d'eau de l'Europe. 41
Les nuées fixées par les Alpes. 45
Le Fœhn. La fonte. Les torrents. 47

V. — Suisse. — Lacs et fleuves. 51
    La mission spéciale des lacs ; leur diversité. . . . 54
    Lacs de Genève et de Lucerne.. 55
    Grandeur pacifique du Saint-Gothard, centre des montagnes et des eaux. 61
    Les quatre fleuves, Inn, Rhin, Rhône, etc. 62

VI. — Les hauts passages des Alpes. 65
    Les trois autels des Alpes.. 68
    Le passage des oiseaux, troupeaux, etc. 71
    Saint-Bernard, Simplon, Splügen.. 75
    Les fuites, les proscrits.. 76

VII. — Pyrénées. 79
    La vue lointaine des Pyrénées. 83
    Contrastes et surprises ; la Garonne.. 84

VIII. — Suite. Pyrénées. 89
    Leurs illusions. 91
    Ramond et le mont Perdu.. 92
    Les bergers. Maladetta, Gavarnie. 93
    Eaux chaudes, Baréges, Olette, etc. 96

IX. — La Bollente. Acqui. 101
    On assiste au travail intérieur de la terre. . . . 109
    Comment je fus inhumé pour revivre. 112

X. — La montée de la terre. Son aspiration. 117
    Sa vie, c'est l'expansion vers la lumière et le soleil. 119
    L'école des soulèvements et révolutions violentes. . 123
    L'école de la création pacifique et successive. . . 124
    Le premier élan de la terre, sans obstacle et très-doux. 128
    Sous l'écorce actuelle, elle halète, soupire.. . . . 130

XI. — Ses deux grandes montagnes appelées continents. 132
    La terre réunit les deux formes les plus belles. . . 137
    Beauté maternelle de l'Asie. 139
    L'Amérique ; son grand rôle médiateur ; ses voies faciles.. 142

TABLE.

XII. — Montagnes de glace. — Le pôle........	147
Différences entre les climats du Pôle et des hautes Alpes...................	148
L'aurore boréale, magnéto-électrique.......	155
XIII. — Montagnes de feu. — Java..........	161
Le cœur de la terre; artères d'eau chaude; Java, Cuba.....................	164
Les volcans; le cercle de feu............	166
Puissances de fécondité; les monstres de fleurs...	169
Les plantes de la tentation.............	176

SECONDE PARTIE

I. — Zones de paix. — Les prairies.........	181
Sociabilité aimable de nos plantes.........	185
Vertus curatives des plantes indigènes......	187
Invasion des plantes exotiques...........	190
II. — Forêts. — L'arbre de vie. — Le rameau d'or.	193
Légendes; Arbre de vie, Arbre de douleurs....	198
Le rameau sibyllin qui évoque et guérit......	201
III. — L'amphithéâtre des forêts...........	205
Le châtaignier. Le hêtre. Le sapin. Le picea...	208
IV. — Les rêves de montagnes et de fleurs......	221
Projets divers et ébauches de 1857 à 1867.....	226
Nos hivers en Provence...............	228
V. — Suite. — La Suisse en mai 1867.........	231
Le Léman. Désir de voir l'Engadine........	238
VI. — L'attente au pied de la montagne. — Amours des plantes Alpines (juin 1867)............	240
La botanique peut-elle être séparée de la zoologie?	249
L'amour des plantes identique à l'amour des animaux.....................	250

VII. — Suite des plantes Alpines. — Progrès de leurs fleurs dans l'amour.................. 251
 Clair-obscur de l'amour, le même dans les deux règnes..................... 255

VIII. — Le chemin des Grisons. — La mort de la montagne.......................... 265
 Opposition des Grisons et des Suisses....... 269
 Route et col du Julier. Ruines et lapiaz...... 273

IX. — L'Engadine................... 285
 Noble et sérieux aspect de la contrée........ 293
 Finesse italo-celtique de cette race......... 294
 L'émigration..................... 296

X. Neiges et fleurs................ 303

XI. — Destinée de l'Engadine............ 315
 Deviendra-t-elle un désert?............ 324

XII. — L'arolle. — Décadence de l'arbre et de l'homme. 329
 Prévision d'un botaniste : « La vulgarité prévaudra. »..................... 332
 Deux arbres supérieurs avaient rendu les hauteurs habitables..................... 335
 Combien ce siècle tâche d'effacer en tout le héros. 344

XIII. — Notre temps peut-il remonter?........ 347
 Sa décadence morale. Sa vigueur d'invention.... 350
 Se recueillir sur la montagne............ 351
 Effet de la Suisse sur Voltaire, Rousseau, Raynal, M. et madame Roland................ 353
 Les grimpeurs. Les romans. Livres morbides.... 355
 Voyages d'enfants dans les montagnes........ 359
 Effet de la montagne sur la jeunesse........ 361
 La résistance à la pente et l'effort de remonter... 362

Éclaircissements.................. 367

Paris. — L. Poupart-Davyl, rue du Bac, 30.

www.ingramcontent.com/pod-product-compliance
Lightning Source LLC
Chambersburg PA
CBHW050427170426
43201CB00008B/570